« *La créativité c'est l'intelligence qui s'amuse* »
Albert Einstein

ISBN : 978-2-3225-5835-3
Dépôt légal : Novembre 2024

© Erika Galland, 2024

Édition : BoD · Books on Demand GmbH, In de Tarpen 42,
22848 Norderstedt (Allemagne)
Impression : Libri Plureos GmbH, Friedensallee 273,
22763 Hamburg (Allemagne)

Graphiste : Agence K-Unique
Correcteur : Fanny Campan
Mise en page : Agence Polymnesia

ERIKA GALLAND

OUVRE LES YEUX,

LE MONDE DEVIENT CELUI QUE TU VEUX.

ACTIVE TON POUVOIR CRÉATIF.
RÉALISE TES RÊVES.

CÉRÉMONIE D'OUVERTURE

Allons-y gaiement, ou pourquoi ce livre est là.

Tels les Jeux olympiques ou tout événement d'envergure, ce livre intègre une cérémonie d'ouverture et de clôture, afin de l'honorer. Et c'est justement ça la créativité, s'inspirer de notre entourage, de ce que l'on vit pour créer notre propre œuvre.

Mais ne rentrons pas tout de suite dans le vif du sujet, laissons la place à cette cérémonie.

Le voilà enfin. Ce livre qui a germé dans mon esprit tant d'années. Comme une graine qu'on a plantée dans la terre de notre jardin en espérant qu'elle soit fertile.

La réalité est tout autre. Après l'espoir viennent l'impatience, l'incompréhension, le doute, la colère parfois, puis la résignation. En passant par un joli syndrome de l'imposteur, une déception, un regret. Parce qu'il faut bien le dire, un livre, ça ne s'écrit pas si facilement. Une graine ne pousse pas aussi vite qu'on le souhaiterait, il y a des saisons à respecter ! Et ça parfois, on l'oublie. Nous sommes si pressés d'arriver au but, qu'on en bâcle les étapes. Et pourtant « Dans un voyage ce n'est pas la destination qui compte mais toujours le chemin parcouru, et les détours surtout. » disait Philippe Pollet-Villard.

Oui, la réalité est tout autre. L'illusion de notre réalité. On la croyait fertile cette terre, on nous a dit qu'à cet endroit ça pousserait. On a étudié, analysé, construit notre schéma mental. Tout était planifié. Et pourtant. Et pourtant tout ne se passe pas toujours comme prévu. Jamais, en fait. Et c'est ce qui fait la magie de la vie.

Aujourd'hui il est là. Tu le tiens entre tes mains, cher lecteur. Cette terre était belle et bien fertile, et comme chaque élément de la nature, elle ne répondait pas aux injonctions de nos lois humaines. Voilà, c'était juste ça.

Il est arrivé de nulle part ce bouquin-là. Enfin, de nulle part, c'est vite dit. La graine est restée en attente, en attente du bon moment. Que toutes les conditions soient réunies, que je sois prête. Elle s'est transformée, magnifiée, tel un œuf en gestation. Il a fallu quarante-sept ans à cet œuf. Quarante-sept ans de vie et d'expériences plus ou moins joyeuses pour que cette création veuille bien naître. Enfin. Et, ça valait le coup.

Ce n'est pas un opus philosophique. Quoique. Ce n'est pas non plus une œuvre littéraire digne d'un Zola, même si j'aurais adoré écrire comme lui. Peut-être est-ce encore mon syndrome de l'imposteur qui me dicte cela. C'est un livre simple. Dans le sens « sans chichi », sans chercher à dérouler des tournures de phrases sorties tout droit des cafés littéraires des intellectuels parisiens pour impressionner la galerie. La simplicité est parfois perçue comme une tare, c'est en réalité une vertu.

C'est donc, pour moi, un « simple » écrit de quelqu'un qui a toujours eu ce rêve d'écrire. D'une perfectionniste qui a toujours eu peur de ce que ses écrits pourraient donner, et qui, donc, n'a jamais osé le faire, en plus de quarante ans de vie, comme la plupart des gens. Et qui a dit FUCK à cet imposteur, un jour.

Lorsque j'ai annoncé que ce livre était terminé d'écrire (ce passage a donc été ajouté à la relecture !), une personne m'a dit « j'ai hâte de voir ce que tu vaux à l'écriture ». Intéressant. Il y a quelque temps, mon ego aurait sûrement jailli, tentant de se justifier. Ou mon copain auto-saboteur aurait sûrement paniqué, à la recherche d'un verre de vin pour apaiser ses angoisses. Au lieu de cela, le maître Yoda en moi a répondu : « Ce que je vaux je m'en fiche. Notre valeur ne dépend pas des autres. Mon livre plaira aux uns, et pas aux autres. Le plus dur est justement de s'extraire de l'ego, l'écrivain n'est que le messager finalement ». C'est là la beauté des écrits. L'écrivain n'est que le messager d'une inspiration qui a coulé à travers lui, d'une créativité venue d'on ne sait où. Et cette inspiration est justement tout le sujet de ce livre. Car oui il y a des techniques, des façons de la « provoquer » ou devrais-je dire, de la libérer.

Cet ouvrage est un hymne à la joie. Un hymne à la vie. Un hymne à la mort, aussi. Puisque tout est cycle. Ces deux visions qu'on oppose constituent en fait, un tout. La mort d'une partie de nous pour donner naissance à une version évoluée. Transformée et on l'espère, améliorée. Pour pouvoir ultimement mourir en paix.

— Conceptuel, tout cela, me direz-vous. Un peu perché pour certains. Et pourtant.

La réalité est tout autre, certes. Mais quelle réalité ? Comme le diamant, il y a plusieurs faces, et tout dépend depuis quel prisme on le regarde.

Dans cet ouvrage je te propose d'observer un nouveau prisme, celui de la créativité. Elle est souvent associée aux artistes, aux créatifs. On serait artiste, ou intellectuel. La dualité, encore. Avec cette image bien faussée de l'artiste, encore trop souvent perçu comme un saltimbanque marginal un peu perché. C'est pour moi un profond écueil. Puisque nous sommes nés avec des facultés et un cerveau contenant deux hémisphères, la graine de créativité est en chacun de nous. Comme les muscles. On nous apprend à entretenir notre corps avec l'activité sportive. À muscler notre intellect ou notre mémoire avec des exercices, des lectures ou des formations. À forger notre mental, notre *mindset* comme on dit dans le monde du développement personnel. Mais la créativité, on en parle très peu finalement. Et pourtant.

La réalité c'est que tout le monde est créatif. Il suffit de laisser émerger cette part de nous, de nous abandonner au souffle de vie, nous laisser happer par le courant et notre intuition trouvera le chemin, toute seule. Oui, la créativité est une sorte de muscle, c'est un don que chacun a intérêt à laisser émerger, même si a priori nous ne sommes pas nés avec cette faculté naturellement développée. *A priori.* Ça rassure l'humain que nous sommes de nous mettre dans une case confortable. La facilité :

— ah mais moi je ne suis pas créatif ! Quelqu'un autour de toi prétend ne pas être créatif ? Fais-moi plaisir, offre-lui ce livre !

La créativité est un grand mot qui fait peur. De nombreux auteurs l'ont approché. Je pense à l'ouvrage de référence d'Elisabeth Gilbert, *Comme par magie*. Et d'autres. En passant par les cahiers de créativité qui incitent à dessiner. Or, la créativité ne se réduit pas à savoir dessiner ou peindre. C'est un écueil, là encore. La créativité c'est, pour moi, cette faculté à dessiner oui, mais à dessiner les contours de sa propre vie. À trouver les solutions aux difficultés que l'on rencontre dans sa vie de tous les jours, avec plus de fluidité. Mais surtout, surtout, à créer sa vie de rêve. Et ça, c'est à la portée de tous avec un peu d'ardeur et de détermination. Et de persévérance aussi. Et quelques techniques, bien entendu.

Ce livre se veut un livre de recettes. Les recettes que j'ai expérimentées dans ma vie, du moins. Parce que je peux te dire que j'ai expérimenté beaucoup. J'ai cherché, beaucoup. Beaucoup. Beaucoup ! Je ne rentrerai pas dans la description de mon CV qui n'impressionnera personne, pas même moi. C'est bien plus intéressant d'aller au cœur du sujet. Puisque tu as ce bouquin entre les mains, c'est que tu me fais confiance. Ou que quelqu'un me fait suffisamment confiance pour te l'offrir. Ou alors, tu l'as récupéré dans une boîte à livres et même là, ça veut dire que quelqu'un l'y a déposé et que ça t'a interpellé. Bref, on s'en fiche. Tu es en train de le lire, point.

Je me suis égarée au gré de mes pensées. Je disais donc que ce livre est un livre de recettes. Mais ce n'est pas un livre linéaire. Chaque chapitre offre une piste, une solution ou plutôt une suggestion pour aller chercher en nous, faire germer cette graine de créativité, petit à petit. À la différence d'une recette toute faite dont la réussite dépend du suivi des étapes à la lettre, c'est un livre de recettes un peu particulier que je te propose. On peut commencer par la cuisson, pour terminer par la préparation. Et c'est finalement la magie que je t'offre ici : tu le lis dans le sens que tu veux, comme un manga si tu le souhaites, en commençant par la fin, ou de A à Z si tu as besoin d'ordre et de structure. Tu peux le démarrer au milieu, et puiser quelques mots ou phrases qui t'appellent. Tu peux choisir la suggestion une, balayer la trois, expérimenter la quatre et mettre la six à la poubelle, si ça te chante. Rappelle-toi, tu es créatif ! Un esprit créatif se fiche des conventions et des dogmes. La créativité, c'est la liberté. Tout simplement.

Alors, libère-toi cher lecteur ! Ferme les yeux un instant et laisse ton imagination, ton inspiration, ton intuition te guider. Oublie ton mental, et ton ego. Ces deux-là nous font souvent faire des conneries. Maintenant que tu les as fermés, pour faire silence en toi, vas-y. *Ouvre les yeux, et le monde devient celui que tu veux.*

PRÉFACE

Entrer dans l'univers d'Erika, c'est plonger la tête la première dans un bain de paillettes rock'n'roll, se retrouver sens dessus dessous et vouloir absolument remettre ça aussitôt !

On est tout de suite séduit par cette cheffe d'entreprise pas comme les autres au parcours riche et inspirant. Pétillante, franche, polyvalente, Erika incarne la créativité par excellence.

Le courant est passé tout de suite lorsque nous avons discuté de son projet d'écriture. Il faut dire que beaucoup de sujets nous rassemblent : la culture, la spiritualité, la formation des jeunes, l'Afrique, la musique et surtout surtout surtout l'art de raconter des histoires. J'ai perçu en elle dès le départ une étincelle particulière, une lueur ingénue, cette fameuse lumière intérieure qui émane des esprits créatifs.

Qui de mieux placé qu'Erika Galland pour aborder cette question de la créativité. Elle, qui a le don, dans son entreprise Acapelart, dans son podcast *Moi je voulais juste être Madonna !*, comme dans son existence tout entière, de métamorphoser l'ordinaire en extraordinaire, sous le regard émerveillé non seulement des enfants, mais aussi des adultes, redevenus bambins pour l'occasion.

Malgré les difficultés rencontrées sur le chemin de l'écriture, je l'ai vue se battre, lâcher prise et puis réussir, au détour d'une pirouette, car il n'est de défi qu'Erika ne mène jusqu'au bout. Abandonner en cours de route ? Très peu pour elle. Le chemin est-il facile pour autant ? Non. Mais ne compte pas sur Erika pour baisser les bras. Elle a plus d'un tour dans son sac. Aussi dynamique que pragmatique, pêchue que fragile, forte que vulnérable, suivre cette écrivaine dans la genèse de son livre a été un véritable plaisir. Je la remercie pour sa confiance et la félicite pour son travail.

Erika est une vraie griotte dans la tradition ancestrale du terme. D'un mot, d'un sourire, d'un souffle, elle t'emmène dans son monde. Un monde où personne ne se laisse enfermer par la peur. Un monde où tu réalises tes rêves les plus délirants. Un monde où tout est possible à qui s'en donne les moyens, finalement. Car oui lecteur, pour réaliser tes rêves, il te faudra retrousser tes manches et ce livre te montrera comment et pourquoi.

Lecteur, l'œuvre que tu t'apprêtes à lire t'offre les clés d'une existence créative, t'aiguille sur le chemin de l'enthousiasme et de la magie telle qu'on peut l'expérimenter dans la vraie vie.

Lecteur, Erika n'a pas seulement écrit un texte banal sur la créativité, non, dans cet ouvrage, elle t'invite à plonger dans une nouvelle façon de percevoir le monde, à changer de perspective et à embrasser la vie avec un regard neuf. L'entreprise est ambitieuse, me diras-tu. Mais pour vivre l'aventure, tu seras guidé par le savoir de l'auteure. Un savoir non seulement issu des lectures et des formations qu'elle a suivies, mais aussi et surtout un savoir bien plus précieux, né d'expériences de vie et émanant d'expérimentations toutes plus culottées les unes que les autres. Attends-toi à rire au détour d'anecdotes savoureuses, à réfléchir au regard des questionnements proposés et à agir surtout, en t'aidant des clés pratiques délivrées tout au long du livre.

En effet, dans cet opus, pas de blablas abscons, pas de leçon de morale, pas de dérive techniciste. Non, ce livre est une véritable conversation intime, un parcours authentique, un cheminement personnel qu'Erika partage avec générosité, humour et bienveillance.

Tu découvriras que la créativité n'est pas réservée à une poignée de privilégiés, mais un muscle que chacun a le choix de développer, un mode de vie qui commence par un simple acte : celui d'ouvrir les yeux sur sa réalité.

En refermant ce livre, tu ne verras plus jamais le monde de la même façon. Tu auras non seulement acquis de nouveaux outils pour exprimer ta créativité, mais tu auras également appris à regarder en toi-même, à lire en toi comme dans un livre OUVERT, à remettre en question tes choix et à trouver l'inspiration là où peut-être tu ne l'aurais jamais cherchée avant.

Ce livre contribue à transformer ta vie en une œuvre d'art, si tu oses !

Attache ta ceinture, regarde à travers le hublot, respire un bon coup.

Décollage immédiat.

Bon voyage.

Fanny Campan

INTRODUCTION

Il paraît qu'un ouvrage contient une introduction, c'est du moins la consigne que l'on m'a laissée, moi l'écrivaine novice en la matière. Une introduction qui se veut didactique, pour éclairer le lecteur sur sa lecture à venir. Rassurer son mental, en quelque sorte. Alors je ferai simple, encore : pas d'introduction ! Je ne suis pas là pour rassurer ton mental, mais pour te permettre d'explorer ta créativité. Alors laisse-toi bercer par le flow, frérot. Explore. Expérimente. Jette ce livre à la poubelle de tes envies si c'est ça qui te permet de te libérer, de t'exprimer. Range-le dans le placard ou dans ton étagère à livres où il aura au moins la fonction utile de récolter la poussière, en attendant que ton terreau soit fertile lui aussi. Ou jette-le à la lumière de ta conscience, si c'est le moment pour toi. Comme je t'ai invité à picorer dans ce livre au gré de tes envies, je décide aussi de créer comme bon me semble. Ce sera ma non-introduction. Rassuré ?

CHAPITRE 1

Le monde est fou, fou, fou, voyez-vous[1]

Ou comment s'autoriser un grain de folie.

« Il faut toujours un coup de folie pour bâtir un destin »
Marguerite Yourcenar

Érasme en a fait un éloge. Sénèque clamait « On ne trouve guère un grand esprit qui n'ait un grain de folie ». La philosophie et la psychiatrie en ont fait un sujet d'étude. De nombreux auteurs l'ont mis au centre de leurs écrits. Que ce soit par le biais des contes, des récits mythologiques et historiques, de la peinture ou de certaines expressions du langage courant, la folie n'a eu de cesse de questionner notre humanité à travers les âges.

---

1   Chanson de Pauline Ester.

Elle désigne le plus souvent des comportements jugés et qualifiés d'anormaux. Selon le contexte, les époques et les milieux, la folie désigne la perte de la raison ou du sens commun, le contraire de la sagesse, la violation de normes sociales, une posture marginale, déviante ou anticonformiste, une impulsion soudaine, une forme d'idiotie, une passion, une lubie, une obsession, une dépense financière immodérée. (source : Wikipédia)

Or, la folie est en chacun de nous. Bien souvent, elle est crainte, cachée, comme une particularité dont on a honte. Le grain de folie semble toucher tous ceux qui s'en défendent...

Longtemps, j'ai été de ceux qui s'en défendent justement. Issue d'un milieu plutôt conventionnel, de parents médecins, destinée à une voie classique (scientifique bien sûr), ma folie créative d'âme d'artiste a longtemps été cachée. Elle se réveillait pour amuser la galerie, étant de la catégorie de ces enfants clowns qu'on aime avoir près de soi pour animer les longues soirées pluvieuses de ma Normandie natale. Mais, à l'heure où il fallait travailler, ce grain de folie inné repartait en hibernation, un peu forcé.

D'aussi longtemps que je me souvienne, j'ai toujours eu ce petit grain de folie qui fait mon charme, et qui m'a parfois donné l'audace nécessaire pour obtenir ce que je souhaitais, que ce soit la place de soliste dans une chorale à l'âge de cinq ans, ou mon premier poste à l'âge de vingt-trois.

Je me souviens de mon entretien d'embauche pour obtenir mon premier CDI. Le cadre était assez original puisque l'entretien s'est réalisé dans un café, au beau milieu du parvis de la Défense à Paris. Tout se déroulait parfaitement, j'étais concentrée sur mon entretien, quand je vois alors passer le long du café un ami que je n'avais pas vu de longue date. La plupart des gens « normaux » auraient à peine relevé la tête, vite oublié le passage furtif de cette connaissance dans leur champ de vision pour continuer leur entretien, de peur de faire mauvaise impression. Devinez ce que ma douce folie m'a fait faire ? Elle m'a fait couper net l'entretien, m'excuser auprès de mon recruteur (quand même !), aller à la rencontre de cet ami pour le saluer, puis retourner naturellement à mon entretien après avoir échangé quelques mots avec lui ! Parce que de mon point de vue, il était normal d'aller saluer un ami, même en plein entretien de recrutement. Si je vous posais la question de l'issue de cet entretien, vous me diriez à coup sûr que je l'ai raté. Eh bien non ! J'ai été admise à l'étape suivante et ce grain de folie a même été l'un des critères de sélection pour être admise au poste de chargée de communication dans une multinationale. La recruteuse, d'apparence pourtant froide et conventionnelle, avait apprécié mon « impétuosité », pour reprendre ses mots.

Preuve ici que cette spontanéité, cette folie que la plupart des personnes jugent chez les autres, et inhibent chez eux-mêmes, constitue un des plus grands atouts pour se différencier.

Revenons à la folie créative ! L'une des lectures qui m'a le plus marquée étant adolescente est *Le Horla* de Guy de Maupassant. Je remercie cette géniale professeure de français de première de nous avoir fait étudier de si bons bouquins. Ce livre m'a fascinée, autant qu'il m'a choquée. Sous la forme d'un journal intime, le lecteur vit au rythme du personnage, qui sombre petit à petit dans la démence, poursuivi par une créature invisible, baptisée *Le Horla*, dont il ne sait si elle est réelle ou le résultat de son trouble psychiatrique. Ce livre m'a profondément marquée, car il m'a renvoyée à moi-même. À cette époque, je n'avais aucun trouble particulier mais je me sentais différente des autres, et je ne savais que faire de cette particularité.

Des années plus tard, une fois embauchée pour mon « impétuosité », j'ai une fois de plus senti que cette originalité que l'on semble apprécier, comme on apprécie les enfants comiques, doit finalement rester exceptionnelle pour ne pas déranger. Non pas que je faisais n'importe quoi, bien au contraire, j'ai toujours été très sérieuse à l'école comme au travail (sauf sur les horaires, mais ça c'est une autre histoire que je te raconte plus tard !) mais j'ai toujours été en dehors du cadre. Que ce soit dans les méthodes, la façon de penser, jusque dans les idées et dans le comportement. Comme les humains n'aiment pas ce qu'ils ne connaissent pas et ont souvent du mal à accepter la différence, ce qui devait arriver arriva. Les relations avec ma supérieure qui appréciait tant mon petit grain de folie, a priori, ont commencé à se détériorer. Et moi, rebelle dans l'âme que je suis, plus elle essayait de me faire rentrer dans le cadre, plus j'en sortais, comme le rond qu'on tente de faire entrer dans un carré.

Ce que je n'avais pas compris à l'époque, du haut de mes vingt-trois ans, c'est qu'à ce petit jeu, c'est moi qui allais en pâtir. Le mal-être me gagnant, j'ai pris une décision difficile que personne n'a comprise. J'ai commencé à l'âge de vingt-cinq ans un suivi avec une psychologue. Je vous laisse imaginer la réaction de mes parents et de mon copain de l'époque : j'étais ouvertement FOLLE !

Aller voir un psy, vous n'y pensez pas, c'est pour les fous ! Il y a vingt ans c'était beaucoup moins démocratisé et accepté que maintenant, même si dans les pays fermés d'esprit comme le nôtre, peu osent encore en parler ouvertement. À la difficulté de se sentir mal dans ma peau et mal dans mon travail s'ajoutait le manque de soutien de mon entourage proche. Je savais pourtant que c'était la seule solution pour m'en sortir : toujours s'écouter ! Même si je n'avais aucune conscience des difficultés qui m'attendaient. On dit qu'il faut parfois toucher le fond pour remonter à la surface. C'est exactement ce que j'ai expérimenté les quatre années qui ont suivi. Mais j'allais aussi vivre l'expérience la plus incroyable qu'il soit, pour ne pas dire « folle ». Le point de rupture. Ou plutôt le point de départ...

Oui, durant ces quatre années, j'ai failli mourir !

Voir la mort de près est une chance. Tu as bien lu. Je remercie cet accident de voiture qui m'a fait vriller, au sens propre et figuré.

Alors que l'on partait à La Rochelle un jour de grand départ des vacances d'été, au volant de la voiture puissante de feu mon grand-père, à seulement quelques kilomètres de notre point de départ, j'ai vrillé. La voiture a vrillé. Un ralentissement, un coup de frein un peu trop appuyé pour éviter d'emboutir le véhicule de devant, l'arrière de la voiture qui part emporté par nos 130 km/h, un coup de volant à droite, puis à gauche, puis à droite, la panique qui me gagne, des tentatives infructueuses pour redresser ce tank tout en évitant les autres véhicules de part et d'autre, dans un souci de préserver la vie d'autrui... et c'est en fait la nôtre, celle de mon copain et la mienne, que je décidais de condamner, dans un ultime mouvement brusque et déterminé de mes mains sur le volant. 180 degrés sur l'autoroute (il faut croire que les virages à 180 sont ma spécialité... mais ça je ne le savais pas encore !), nous voilà tapant le bord de la route, face à face avec une autre voiture, pour nous en aller tourbillonnant dans une ultime danse qui nous mènera quelques mètres plus loin et trois tonneaux plus tard, au milieu d'un champ, toutes portes et coffre ouverts, la tête à l'envers.

Je me souviens alors des cris des passants. Je me souviens qu'un conducteur s'est arrêté, venant nous secourir et me sortir de la voiture par la fenêtre cassée. Je me souviens de l'état pitoyable de la voiture, roues à l'horizontale. Je me souviens de cette barre de fer venant du toit qui a traversé le pare-brise sans le briser, pour s'enfoncer dans l'habitacle, juste au-dessus de ma tête. Je me souviens de l'incompréhension. De cette sensation de ne plus savoir si je viens de vivre un rêve, ou plutôt un cauchemar, ou si tout cela est réel. Je me souviens appeler ma mère immédiatement, comme pour valider que nous sommes vivants. Je me souviens de nos regards juvéniles complètement perdus, et de nos corps inertes debout à côté de la voiture, tels des morts-vivants rescapés d'un accident d'avion ou d'un attentat. Je me souviens de mes questionnements. Comment était-ce possible ? Comment pouvions-nous être là, vivants ?

La suite fut tout aussi folle. L'arrivée des pompiers fut assez rapide. Tout comme leur auscultation dans le camion. Quelques minutes plus tard, nous voilà reconduits chez nous en taxi, avec le peu d'affaires qu'il restait de notre folle cavalcade. Tous deux assis sur le canapé du salon, les yeux dans le vide, sous le choc, incapables de parler, de raconter, ni même de pleurer ou de crier. Ce moment hors du temps restera gravé à jamais dans ma mémoire, minute par minute, sensation par sensation.

Cet accident a littéralement changé ma perception de la vie et dévié la trajectoire que j'avais empruntée jusqu'alors.

Ces quelques heures en enfer m'ont ensuite propulsée un peu plus dans la folie, la vraie, celle que je redoutais, celle du *Horla*, celle que je n'arrivais pas à exprimer, à canaliser à l'époque. Le choc de l'accident couplé au suivi psychologique que je venais de démarrer se sont révélés agir tel un tsunami dans ma tête et dans mon corps. Quelques semaines plus tard me voilà perdue, complètement perdue, ne sachant pas dans quel monde je vis. Suis-je morte ou vivante ? Suis-je vivante dans le monde des morts ? Ou est-ce l'inverse ?

Alors j'expérimentais ce que je ne souhaite à personne : l'enfermement d'urgence. La cure de repos forcée, entourée d'autres individus hors normes qu'une famille ou tout autre instance décisionnaire a décidé d'écarter de la société, car jugés fous, inaptes, marginaux ou tout autre qualificatif avantageux.

Cette expérience fut l'une des plus traumatisantes de ma vie (oui, il y en a eu d'autres que je te raconterai peut-être un jour). Mais aussi, encore, la plus salvatrice.

Pourquoi ? Parce que, enfermée, il ne me restait plus que mon imagination. Ma créativité. Moi, l'âme d'artiste qui ne s'était jamais vraiment exprimée, j'ai utilisé cet atout pour laisser parler mon génie créatif. Je me suis enfuie par la pensée et par les mots. J'ai écrit, écrit, écrit… et de là sont sortis de magnifiques poèmes dont je te livre ici un extrait, décrivant mon expérience du *Vol au-dessus d'un nid de coucou* :

Mélancolie amère
Vois comme tu es fière
De cette renaissance
Et cette mûre impatience
Me font tourner la tête
Perdre la raison
Loin de ma maison
Et de mes angoissantes solutions
Où es-tu à ce jour ?
Reviendras-tu mon amour ?
Quand tu danses et virevoltes
J'ai le cœur qui se révolte
Et me fait languir.

C'est exactement à partir de ce moment-là que j'ai compris quelque chose d'important. De primordial, qui allait changer radicalement le cours de mon existence.

C'est à ce moment-là que j'ai pu mesurer le pouvoir de la créativité pour façonner son quotidien, même lorsque celui-ci est difficile. Même lorsqu'on subit l'enfermement. Les événements de 2020 continueront d'étayer ces propos, et me feront même aller encore plus loin dans l'expérimentation de la création. Car c'est à ce moment-là qu'une création majeure de ma vie arrivera, mon grand rêve réalisé : ACAPELART. Mon entreprise, mon bijou de créativité, mon diamant aux mille facettes étincelantes. Mais ça, cher lecteur, je t'en parle un peu plus tard.

Oui, la créativité est un outil puissant. C'est elle qui m'a sauvée. C'est elle qui m'a permis de supporter l'insupportable pendant ces longues heures à errer, perdue, dans les couloirs de la mort. Pas la mort physique non. La mort de la raison, la mort de la vie. C'est par l'observation de mon environnement. C'est par les mots griffonnés tant bien que mal sur mon petit carnet, luttant pour annihiler les effets négatifs sur ma vue, provoqués par les médicaments ingurgités de force. C'est grâce à cette créativité innée, que cette expérience m'a poussée à renforcer, que je m'en suis sortie. Que je suis revenue à la vie, petit à petit. Le désir d'écrire, de raconter, d'imaginer m'a fait renaître, littéralement.

Une fois sortie de cet enfer terrestre j'ai compris. J'ai compris ce que la vie venait de m'offrir. Ce que mon grand-père, mon ange gardien, m'avait transmis un peu violemment au travers de sa voiture accidentée : ta vie est précieuse. Je t'offre une seconde chance de changer le cours de ton existence. Tu as vingt-six ans et tu vis déjà à côté de ta vie, comme anesthésiée. Tu vis enfermée dans ton propre hospice, réveille-toi !

Et c'est à ce moment-là que j'ai choisi de changer le cours de ma vie personnelle. Moi, qui ne croyais ni en la famille ni en le mariage. Qui n'ai eu pour modèle que des divorces douloureux sur plusieurs générations, des familles qui se déchirent, des enfants qui subissent les conflits et la violence. C'est à partir de ce moment-là que j'ai décidé de changer le cours des choses et de créer MA vie de rêves : oui, je voulais avoir des enfants. Oui, je voulais me marier. Et non, le modèle de mes parents et grands-parents n'était pas celui que je choisirai. C'est à ce moment-là que j'ai décidé de vivre selon mes propres règles, mes propres principes et surtout de faire de mon mieux pour ne pas reproduire ce que j'ai identifié de négatif dans ces exemples. Pour en extraire le subtil nectar de ma propre vie que je façonnerai à mon image.

Quelque temps après ces épisodes, je partais pour un voyage initiatique au Nord de l'Inde, de Jaipur à Bodh Gaya en passant par Varanasi. Je partais à la rencontre des enseignements bouddhiques, à la rencontre de la mort vivante sur les bords du Gange, au gré des crémations, à la rencontre de mes maîtres d'inspiration tels Gandhi, pour y trouver mon être profond.

C'est en rentrant de ce voyage que j'ai demandé mon compagnon de tonneaux en mariage, bien décidée à vivre la plus belle journée de ma vie et à faire de lui le père de mes enfants.

Bien décidée à reprendre ma vie personnelle en main. C'est alors que ma vie familiale a démarré, donnant naissance à deux magnifiques œuvres humaines, Eloïse et Alexis.

Ces épisodes, aussi tragiques que salvateurs, m'ont aidée à façonner une vie de famille à mon image. Mais aussi à trouver l'impulsion de réaliser mes rêves d'enfant artiste non exprimés : apprendre à jouer du piano d'abord, puis créer une entreprise dans l'art, ACAPELART. En effet, ma folie alliée à ma détermination m'ont fait démarrer le solfège à l'âge de trente ans, à l'aube de devenir maman, pour poursuivre pendant huit ans l'apprentissage du piano en conservatoire, bravant les cris de mes nourrissons pour travailler les auditions coûte que coûte à la maison, surmontant ma peur de jouer en public et d'exposer mon art musical au monde. Ensuite, cette même folie déterminée — ou folle détermination, au choix — m'a amenée presque dix ans plus tard à aller plus loin et faire de l'Art mon métier à temps plein en créant ACAPELART. Ce bijou entrepreneurial est aujourd'hui une belle entreprise qui réunit plus de cinquante artistes et professeurs, une équipe de gestion de dix personnes, plusieurs partenaires, un podcast pour partager les belles histoires d'artistes inspirants et des centaines de clients, enfants et adultes, heureux de pouvoir exprimer leur créativité, enfin. Et surtout, elle me permet de vivre de ma passion, d'exprimer mon talent. Qui l'eût cru ? Si on m'avait dit cela il y a vingt ans, ou même dix, je ne l'aurais jamais cru. Et pourtant...

Et pourtant, tout cela j'y suis arrivée ! Je l'ai fait ! Et c'est une de mes plus grandes fiertés.

Si j'y suis arrivée, toi aussi tu peux le faire.

Je ne te souhaite pas que ta créativité émerge aussi violemment que ça l'a été pour moi, même si bien souvent des événements tragiques ou douloureux nous font effet d'un électrochoc salvateur.

Oui, toi aussi tu peux laisser parler ta folie, celle qui te permettra d'accomplir des exploits extraordinaires. Celle grâce à qui tu soulèveras des montagnes et qui laissera émerger la personne exceptionnelle que tu es.

Si tu le décides vraiment.

Ne la contiens pas.

Ne la laisse pas t'enfermer.

Ne laisse pas les autres l'étouffer.

Tout génie de ce monde, qu'il soit inventeur, artiste, philosophe ou même chef d'entreprise, est d'abord un fou. Einstein était fou. Pierre et Marie Curie étaient fous. Picasso était fou. Steve Jobs était fou. Guy de Maupassant l'était aussi, pour écrire une telle œuvre au moment où il se trouvait lui-même en proie avec sa propre folie.

C'est la folie qui permet de créer des miracles, qui donne naissance aux inventions, aux œuvres les plus géniales. Mais aussi de créer les pires horreurs, si l'on prend pour exemple le génie d'Hitler. Il s'agit là d'un autre versant de l'humain sur lequel je n'irai pas. L'homme étant capable du pire comme du meilleur.

Mon analyse des quelques expériences que je viens de te raconter est que, c'est parfois lorsque l'on frôle la mort, la sienne ou celle d'un proche, qu'on réalise que notre vie est précieuse et que nos idées folles méritent de vivre, comme nous.

Tout ce chapitre constitue la genèse de ma prise de conscience. Ce moment charnière qui a fait basculer ma perception de la vie. Mais ce n'est encore que le tout début.

Car il semblerait que ce coucou à la mort et ce premier enfermement n'étaient pas suffisants pour que je change radicalement de trajectoire...

Pour clôturer ce chapitre fou, fou, fou j'aimerais reprendre les mots de Simon Beckett, qui traduisent bien notre réalité et ce que je souhaite t'amener à comprendre : « Nous naissons tous fous. Quelques-uns le demeurent ».

Dans ce chapitre je t'ai raconté :

- Des anecdotes qui illustrent comment la folie créative impacte positivement notre vie ;
- L'importance d'être accompagné psychologiquement, même si ton entourage désapprouve ;
- Mon accident de voiture ou comment la vie nous propose des prises de conscience parfois violentes.

CHAPITRE 2

Gamin, allez viens, c'est pour rire ![2]

Ou comment se reconnecter à son enfant intérieur.

« Un enfant, ça rit et ça pleure. Un enfant, ça invente le bonheur » Romain Guilleaumes

L'enfance a cela d'extraordinaire qu'elle est le terreau de tous les possibles. Un enfant peut s'imaginer pilote d'avion un jour, policier un autre, cow-boy ou comédien le lendemain. La couleur ou le physique n'ont pas d'importance, le milieu social n'est pas un frein. Rien n'est

---

2   Extrait du film *C'est arrivé près de chez vous* de Rémy Belvaux, André Bonzel et Benoît Poelvoorde.

impossible pour un enfant puisqu'il est encore vierge de croyances, de barrières, de règles et d'obligations. Et surtout, l'enfant ne met aucune barrière à sa propre créativité.

Lorsque j'étais petite, je voulais être chanteuse. Je m'imaginais en plein show sur scène. À l'âge de cinq ans j'étais soliste dans une chorale, la plus petite de la bande et la seule qui ne savait pas lire. Alors, déterminée, j'apprenais les paroles par cœur. Adolescente, je me rêvais Madonna. Seule dans ma chambre, je répétais les chansons de la madone accompagnée par mon synthétiseur sur lequel je reproduisais les notes à l'oreille. Ce rêve d'enfant deviendra plus tard le fil rouge de mon podcast *Moi, je voulais juste être Madonna !*, que toi lecteur tu as déjà peut être écouté (sinon vas vite sur Spotify, Deezer, Apple podcast ou toute autre plateforme d'écoute !). Ce podcast est la consécration de mon rêve de gamine, l'extension naturelle de mon entreprise Acapelart qui vise à révéler les âmes d'artiste et aider les enfants et adultes à exprimer leurs talents, libérer leur créativité. En révélant au grand jour ce rêve inavoué, je souhaite autoriser chaque personne à laisser son enfant s'exprimer pleinement. Parce qu'un rêve mérite de vivre, de n'importe quelle façon. Alors oui, je suis Madonna ! Tu es Madonna ! Ou n'importe quel illustre personnage qui t'a fait rêver un jour.

À l'époque de mon adolescence, je ne savais pas que ce rêve était impossible (parce qu'en fait, il ne l'était pas !). C'est en grandissant, devenant timide et avec une piètre confiance en moi, renforcée par un découragement unanime émanant de mon environnement familial, que j'ai enfoui ce rêve inaccessible, longtemps.

Mon rêve de petite fille s'en est allé, emportant avec lui ma joie enfantine. Comme c'est souvent le cas, malheureusement. Combien d'adultes ont laissé partir leur rêve ? Combien d'adultes ne s'autorisent plus à jouer, à inventer, à créer, par peur du jugement ou peur d'échouer ? Ou simplement parce que leur raison, la toute-puissante raison, leur a fait l'annihiler, au profit d'une vie bien rangée, sérieuse, sécure.

Et cette raison est bien coriace. Il est très difficile de la taire, de la laisser de côté pour que jaillisse ce qui nous fait vraiment vibrer.

« L'enfant qui ne joue pas n'est pas un enfant, mais l'homme qui ne joue pas a perdu à jamais l'enfant qui vivait en lui et qui lui manquera beaucoup » disait Pablo Neruda.

Pendant un temps j'ai perdu cet enfant. Je n'ai pas dérogé à la sainte règle. Ce rêve d'artiste bien rangé dans la boîte à utopie, je m'en suis allée suivre le chemin tout tracé de celle qui devait faire de bonnes études pour avoir un travail normal et gagner un bon salaire dans une entreprise normale (à défaut de suivre la voie scientifique prônée par le paternel, il fallait bien réaliser quelque chose de « sensé »). Ce quelque chose de « sensé » s'est matérialisé dans des études de commerce et marketing, suivies en partie à l'étranger, en Angleterre. À défaut de laisser émerger la petite artiste en moi, je suis partie explorer d'autres contrées pour m'enrichir culturellement et ouvrir mon esprit. Je me suis plutôt bien débrouillée finalement. Si je n'ai pas nourri mon âme d'artiste, j'ai pu nourrir une autre face de mon diamant : mon âme d'exploratrice. Ce fut très enrichissant, et je recommanderais à chaque personne qui lit ce livre une expérience à l'étranger ou du moins, d'offrir à son enfant une telle chance de découverte. Grâce à ces études, et à mon expérience outre-Manche, j'ai pu développer des compétences essentielles qui m'ont aidée par la suite, et m'aident toujours pour diriger aujourd'hui mon entreprise. Ouvrir son esprit, c'est aussi libérer sa créativité. Je ne serais pas une chef d'orchestre aussi douée sans ces expériences, même si elles m'ont coûté plusieurs années de mal-être, comme un cadeau mal emballé dont on ne perçoit pas tout de suite la valeur.

Pendant de nombreuses années, coupée de toute inspiration extérieure, ce monde de normalité, je ne l'ai jamais remis en question. J'avais bien trop peur de ce qui pourrait se passer si jamais je déviais de la voie toute tracée. Même l'accident de voiture de 2003 qui m'a pourtant fait un électrochoc n'a pas eu raison de ma raison. J'ai créé ma vie familiale rêvée à la suite de cet accident, c'est vrai. Mais par sécurité, et parce que ce changement de vie personnelle s'assortissait désormais d'obligations familiales, je ne m'imaginais pas sortir du chemin professionnel que j'avais commencé à emprunter.

L'artiste en moi s'est exprimée tout au long de sa vie certes, par le biais de cours de piano, de danse, de chant, de théâtre. Par l'écrit aussi, beaucoup. Parce que cette créativité, ce désir d'artiste il était là, quoi qu'il arrive. On ne peut pas échapper à qui l'on est au fond de soi. Mais en aucun cas je ne me suis dit que j'en ferai un métier un jour. En aucun cas je ne m'autorisais à penser que c'était possible de vivre de l'art. La petite chanteuse en moi était toujours là, latente, en berne, mais elle ne s'autorisait pas à sortir. Elle avait perdu cette petite flamme, elle était devenue muette, pour un temps.

À cette époque-là, j'avais peu accès à d'autres exemples. J'étais dans un univers de gens « normaux », de trentenaires mariés avec enfants qui chaque matin se levaient pour aller travailler au bureau, subissant la pénibilité des transports, comme moi. Qui rentraient chaque soir tard, prenant le relais de la nounou de leurs enfants pour profiter des quelques minutes restantes avant leur coucher, comme moi. Attendant patiemment le vendredi soir pour commencer à vivre et se sentir libre, comme moi. Attendant patiemment les congés payés pour prendre du bon temps, tout en calculant minutieusement le budget familial, comme moi. Attendant patiemment que l'heure de la retraite sonne enfin pour commencer à vivre, comme moi. À cette époque c'était mon modèle. C'était d'ailleurs le modèle commun voire l'unique option que la société (ou la tradition, ou la religion, je ne sais pas vraiment d'où ça vient) présentait à la majorité d'entre nous. Je ne savais pas qu'une autre vie était possible. Ça, c'était pour les gens de la télé, ou des magazines. Je ne savais pas qu'il était possible de sortir de ce schéma.

Jusqu'à ce que je rencontre le développement personnel. Que je commence à entrevoir une autre réalité. Un peu contrainte et forcée, il faut bien le dire. Puisque l'accident de voiture n'avait pas suffi à me réveiller vraiment, alors la vie m'a présenté une autre option : la maladie.

— puisqu'elle n'a pas compris, on va lui représenter la

chose sous une autre forme (j'imagine ce que les maîtres du jeu — guides, anges, dieux ou qui que ce soit — peuvent se dire là-haut en nous observant faire ! Ils doivent être désespérés parfois !).

Allez, c'est parti, festival des maladies ! Burn out numéro un. Burn out numéro deux. Maladie digestive. Intolérances alimentaires. Angoisses. Anti-dépresseurs. Lumbago un, deux, trois. Diagnostic de bipolarité, ou d'hyperthymie, on ne sait pas trop. Déformation osseuse des pieds. Dents qui partent en cacahuètes. Cette fois, c'est mon corps qui a vrillé !

— Et puisque ça ne suffit pas, puisqu'elle ne change toujours pas, la mort vient encore rôder, pas loin.

Elle touche des proches cette fois, en mode *Quatre mariages et un enterrement*. Mais là, en deux ans de temps, c'est deux mariages et quatre enterrements… Suicide de la cousine de trente ans. Décès par accident de moto d'un ami. Mort de l'oncle d'une maladie deux jours avant mon mariage. Mort de la grand-mère quatre mois après.

Pendant ce temps, heureusement je suis soutenue par de brillants thérapeutes. Une fois ma « folie » assumée en allant voir un psy, j'essaye tout, du plus médicalisé au plus alternatif : sophrologue, psychiatre, hypnothérapeute, acupuncteur, magnétiseur, voyante, kiné-énergéticien. Ça fonctionne, plus ou moins. Entre la thérapie par la médecine allopathique, celle par la médecine alternative, et la thérapie par l'art (je continue mes activités créatives à côté), j'y passais mon temps, et mes salaires. D'un point de vue personnel, il faut dire que ça m'arrangeait pas mal. Car plus ça allait, moins j'avais envie de rentrer chez moi. Non pas que je n'avais pas envie de voir mes enfants, au contraire. Je m'étais même jetée corps et âme dans la maternité, pensant y trouver un épanouissement total. J'étais de celle qu'on retrouve aux réunions de la Leche League avec son bébé de deux ans pendu au téton, me consacrant tout entière à mes enfants. Non, le problème à cette époque n'était pas mes enfants. Le problème devenait mon couple. Je n'étais pas heureuse dans mon travail. Je n'étais pas heureuse dans mon couple. Encore une fois, j'étais à côté de ma vie.

Jusqu'à ce que la mort me sauve, une fois de plus. Et Confucius...

C'est en frôlant la mort à nouveau, non pas la mort physique cette fois, mais celle de mon âme, que je me suis réveillée. À l'aube du troisième burn-out, ma raison m'a fait prendre un chemin différent. À la énième promotion refusée dans mon travail (ah cette fameuse impétuosité !), je me suis inscrite à un coaching de groupe pour trouver ma voie. Voilà quelques années que je cherchais, je sentais en moi un désir de m'orienter dans une voie entrepreneuriale, mais le bilan de compétences réalisé quelques années plus tôt avait enfoui ce rêve-là aussi, influencée par un accompagnant peu encourageant à sortir des sentiers battus.

C'est à l'aube de mes trente-huit ans que ma vie a pris un nouveau chemin. Alors que je démarrais ce coaching de groupe, ne sachant pas bien où je mettais les pieds, une sophrologue nous invita à partir en méditation. Comme beaucoup de personnes, j'ai démarré la séance sceptique — la méditation, je n'y arrive pas. Ce n'est pas pour moi, ça ne me fait rien ! — attends ma cocotte, tu vas voir ! qu'ils disent là-haut.

J'avais pourtant fait de nombreuses séances de sophrologie, et d'hypnose. Mais celle-ci fut LA séance révélatrice. Je me suis autorisée. Je me suis autorisée à laisser la petite Erika chanteuse se réveiller. Je l'ai laissée retrouver sa voix, pour me guider sur MA voie. Sauter, danser, sourire, rire, chanter sur scène. Je la voyais si heureuse. Si joyeuse. Et j'ai pleuré. Au sortir de cette séance, je n'ai pas pu retenir mes larmes. Pour la première fois depuis plus de trente ans, cette petite chanteuse était là, avec moi. C'était beau, c'était heureux, c'était... effrayant !

À ce moment-là, j'ai su. J'ai su que le chant, la danse, la scène, l'art : c'était mon chemin. Mais qu'allais-je faire de cela maintenant ? J'étais maman de deux jeunes enfants, salariée, avec un mari normal dans une vie normale. Je ne voyais pas quoi faire de cela. — Merci les gars là-haut, vous êtes sympa mais je fais quoi moi maintenant ?

Et c'est à partir de ce moment-là que ma vie a pris une tout autre tournure, petit à petit. Mon enfant retrouvé, je me suis mise petit à petit à rêver à nouveau. À m'imaginer ailleurs, autrement.

Le deuxième effet kiss cool de cette période fut initié par Confucius. Je te raconte.

J'aime les livres. J'aime les bandes-dessinées aussi, particulièrement les BD « de filles » comme celles de Pénelope Bagieu ou Margaux Mottin. Un jour que je flânais à la FNAC, je suis tombée sur une BD qui s'intitule *Quarante ans c'est pas vieux pour un arbre*. Je vais avoir quarante ans bientôt. Je sens que ça me titille, j'ai envie de rire un peu, je l'achète.

Qui aurait pu croire que cet achat me ferait l'effet d'un énième électrochoc, dès la deuxième de couverture. Parce que ce n'est pas la BD en elle-même qui a créé une prise de conscience qui allait changer ma vie. Non, non. C'est la citation écrite à l'ouverture du bouquin : « On a deux vies. La deuxième commence quand on s'aperçoit qu'on n'en a qu'une » Confucius.

Tsunami dans ma tête. Raz de marée dans mon esprit. Mon âme crie et jubile à la fois. Je réalise enfin : je n'en suis qu'à ma première vie. Et elle ne me plaît pas du tout cette vie-là. Ma vie, ce n'est pas ça. Ma vraie vie, ce n'est pas ça. On a qu'une vie, et j'allais encore oublier cela. Désormais, ma deuxième vie va commencer. Et cette vie je la veux joyeuse. Je veux que la petite fille que j'ai vu si heureuse sur scène revive. Je veux la laisser s'exprimer, jouer. Je veux qu'elle s'émerveille chaque jour. Je veux qu'elle s'imagine pilote ou policière. Je veux qu'elle danse et rêve en même temps. C'est décidé !

Mais, pour que cette petite puisse s'exprimer, il fallait faire un choix difficile : la libérer. Et pour qu'elle soit vraiment libre, telle une Reine chantant sous la Neige, il fallait prendre une autre décision difficile : se séparer de son copain de tonneaux, après vingt ans de bons et loyaux services. Donc casser la famille. Donc briser cette image d'Épinal qu'elle et lui croyaient Eldorado. Donc potentiellement blesser des enfants. Une chose était sûre : jamais mes enfants n'allaient subir la séparation comme j'avais subi celle de mes parents. Jamais je ne les prendrai à témoin comme je l'ai été. Et j'ai tenu promesse...

Et c'est ainsi, au fur et à mesure, que ma vie de rêve a commencé à se dessiner. J'avais déjà créé ma vie rêvée en décidant de créer ma famille, d'avoir des enfants. J'allais enfin pouvoir me créer une nouvelle vie à mon image, libre de tout engagement personnel, libre de mon temps, libre de prendre les décisions que je souhaitais.

Mais, la liberté, ça fait peur aussi. Surtout quand on ne l'a jamais vraiment connue. J'étais en couple depuis l'âge de dix-huit ans. Me voilà à l'aube de mes quarante ans, maman solo, inadaptée au monde du célibat, novice en matière de séduction, et perdue dans ma solitude acquise une semaine sur deux. L'homme n'aime pas le changement c'est bien connu. On croit toujours que ce sera mieux ailleurs, après, avec quelqu'un d'autre, dans un autre endroit... mais la vérité est que ce n'est pas mieux, c'est différent. Et surtout, c'est flippant. Très flippant. Et quand on n'a jamais connu la liberté ou presque, on peut se perdre dedans, aveuglé, comme un drogué qui cherche sa dose. Et je me suis perdue, un temps. Je suis passée de la vie bien rangée à l'euphorie de la liberté. À la joie, certes. Mais la joie excessive, extrême. Ce n'est pas l'enfance candide que j'ai adoptée quelque temps, c'est l'adolescence inconsciente. De soirée en soirée, de substance en substance, de partenaire en partenaire.

J'ai cru y trouver une réponse, j'ai finalement failli me perdre. J'ai failli me perdre parce que je me cherchais. Et la folie m'a guettée encore une fois. J'étais certes libre de tout engagement marital, mais la maman solo que j'étais devenue était encore coincée dans sa vie professionnelle. Embourbée, enchaînée à ses obligations par nécessité de sécurité financière. Ah la sécurité financière. La sacro-sainte sécurité. Celle à cause de qui des femmes violentées restent avec leurs maris jusqu'à tutoyer la mort parfois. L'embrasser même. Celle qui fait rester beaucoup de malheureux dans des situations familiales merdiques. Celle qui nous condamne dans le même métier jusqu'à la retraite. Celle qui t'emmène à ta perte.

Et c'est une fois de plus la mort qui m'a rappelée à l'ordre. Celle de ma collègue de bureau, la parfaite mère et épouse de quarante ans passés, qui habitait à la campagne, mangeait bio, ne fumait pas, ne buvait pas, rien. Ironie du sort, elle est partie d'un cancer du poumon. Elle était parfaite, mais elle se tuait à petit feu, ses poumons brûlaient de l'intérieur. Dans cette vie normale, qui l'a conduite à la porte de la fin, laissant deux enfants de l'âge des miens orphelins. La mort d'un ami d'école aussi, parti d'un cancer foudroyant en deux mois de temps.

Encore une fois la mort me taquinait. Et comme à chaque fois la joie me ramenait à la vie. Elle me poussa à prendre l'initiative d'organiser une grande fête de retrouvailles pour nos copains d'école de commerce, vingt ans après. En hommage à notre ami parti trop tôt, trop vite et qui aimait la vie. La joie retrouvée me poussa à partir seule en voyage, aux États-Unis d'abord puis au Bénin. Elle me poussa à sortir, rencontrer un nouveau cercle d'amis. Elle me poussa à explorer. Elle me poussa à faire découvrir plein de nouvelles expériences à mes enfants, à les amener en concert ou festival dès l'âge de trois ans ! Elle me poussa à des décisions merveilleuses qui ont amené la vie merveilleuse que j'ai aujourd'hui.

Avec le recul que j'ai maintenant, je suis persuadée que la JOIE est le moteur le plus puissant. Que c'est la clé du bonheur. Qu'une vie remplie de joie ouvre toutes les portes. Lorsqu'on aime, on vibre, on crée ce qu'on aime, on s'émerveille des petites choses, on remercie la vie chaque jour… lorsqu'on vit pleinement, le bonheur arrive. Les rêves se réalisent.

Telle Amélie Poulain qui s'émerveille des petits bonheurs du quotidien (c'est mon film préféré !).

Ce n'est d'ailleurs pas pour rien que le Bouddha a élevé la joie au rang d'énergie incommensurable.

Depuis que je suis entrepreneure, j'ai remarqué aussi que mon chiffre d'affaires est proportionnel à mon niveau de joie. Vraiment. Sans blague. Je remarque que lorsque je suis bien, lorsque je travaille sur un projet qui m'anime, lorsque je suis en vacances, avec des amis, avec mon chéri... je réalise des ventes ! C'est quasiment systématique. Ça en devient même un jeu.

Tout est énergie dans la vie, je ne te l'apprends pas.

La joie est l'émotion la plus puissante, la plus noble. Car elle vient du cœur. Parce qu'elle est saine, simple. Parce qu'elle vient de l'enfant en soi qui est heureux d'être là, dans l'instant présent. Sans repenser à hier, sans réfléchir à demain.

Cultive ta joie au quotidien.

Choisis d'en faire ton émotion maîtresse.

Kiffe chaque jour.

Émerveille-toi d'un rien. D'un sourire, du soleil, d'un chant d'oiseau ou de la rosée du matin.

Cette joie enfantine t'amènera à vivre les plus grands moments de bonheur, à libérer ta créativité, à t'épanouir pour créer ta vie de rêves.

Elle est le moteur et le carburant.

Elle est communicative.

Elle est inépuisable.

Elle est Reine tout simplement...

Je t'ai une fois de plus emmené avec moi dans un cheminement de conscience et de vie, dont la mort est le fil conducteur. Drôle d'idée d'évoquer la mort pour parler de la joie, me diras-tu.

Dans nos sociétés, la mort est taboue. C'est un sujet dont on parle peu, tout comme le sexe ou l'argent. Or, dans d'autres cultures, comme en Inde, la mort n'est qu'un passage. Elle mène à d'autres niveaux, d'autres mondes, d'autres univers. La mort c'est la vie, et quand on pense aux chorales Gospel pour célébrer les enterrements, la mort peut aussi être une fête. Loin de moi l'idée d'affirmer toute vérité sur ce sujet, j'espère néanmoins que ces quelques lignes te permettront de te laisser transpercer par cet hymne à la joie.

Dans ce chapitre :

- Je t'ai raconté un bout de mon histoire personnelle, le fondement de ce livre. Mon rêve d'être chanteuse, et pas n'importe laquelle : Madonna. Cette icône qui a donné lieu à mon podcast *Moi, je voulais juste être Madonna !* ;
- J'ai évoqué l'importance de l'entourage, tu sais, le fait que nous formons la somme des cinq personnes les plus proches de soi ;

- J'ai évoqué mes symptômes de maladie, quand le corps parle, crie si fort que tu es obligé de l'écouter pour modifier ta trajectoire ;
- J'ai évoqué brièvement le pouvoir de la méditation, dont je te parlerai un peu plus dans un chapitre suivant ;
- Je t'ai révélé un de mes maîtres spirituels, celui qui m'a OUVERT les yeux : Confucius.

CHAPITRE 3

Fuck you, very very much [3]

Ou comment se libérer des chaînes qui nous entravent.

« Fuck you I won't do what you tell me »
Rage Against The Machine

Citer Lily Allen et Rage Against The Machine après Sénèque ou Pablo Neruda, est certes un peu cavalier. Mais tellement à propos. Moi qui aime le punk et le rock, il est vrai que les chansons de ce mouvement musical sont souvent très explicites, crues voire délicieusement vulgaires, mais il faut aussi avouer que le mouvement punk a révolutionné toute une époque. Mon époque.

_____

3   Chanson de Lily Allen.

Celle de la génération X des années 70-80. Après la contestation hippie, une nouvelle forme d'énergie, d'esthétique et de radicalité prenait le pas, et inondait tout autant la culture musicale que la mode vestimentaire ou capillaire, les bijoux, la presse avec les fanzines indépendants. C'est le début d'un mode de vie alternatif, la démocratisation du tatouage, la naissance d'une forme de rébellion populaire qui cherche à vivre autrement et remet en question le mode de vie bourgeois traditionnel dont je te parlais tout à l'heure. Le mot d'ordre de toute cette génération : FUCK.

Oui, fuck. Fuck l'ordre établi. Fuck le système. Fuck la normalité.

En bonne rebelle que je suis, petit canard extra-terrestre de la famille, j'ai adhéré à ce mouvement. Je n'ai pas osé complètement m'extraire de mon système, mais j'ai côtoyé des punks dans l'âme, ou affirmés. Des hommes à la crête violette. Des *Antisocial, tu perds ton sang-froid*. C'était le début de mon cheminement vers la liberté. Pendant quelques années j'ai dit FUCK intérieurement, même si je n'arrivais pas encore à l'affirmer extérieurement. Du moins, je n'arrivais pas encore à l'assumer haut et fort, mais j'ai su rapidement poser des limites. À mon travail dans un premier temps. J'étais celle qui questionnait l'ordre établi. Qui osait dire tout haut ce que tout le monde pensait tout bas. Ça ne m'a pas toujours été bénéfique, dans mon évolution professionnelle. Mais finalement, qui voudrait évoluer dans un système qui ne lui convient pas, avec des valeurs éloignées des siennes ?

C'est ainsi que mon esprit aussi rationnel et logique que libre et un peu barré, en est venu à questionner la nécessité d'aller au bureau chaque jour, pour faire acte de présence. Alors que j'étais embauchée depuis deux ans dans cette entreprise dont je te parlais dans les précédents chapitres, pour mon « impétuosité », me voilà dans le bureau de ma chef lui demandant une journée de télétravail. Nous sommes en 2003. Pour rappel, la France a mis en place le télétravail de manière plus systématique une fois qu'elle y a été obligée, en 2020. Les gens ne pouvant plus sortir, il a bien fallu s'y résoudre pour pouvoir continuer à faire travailler la planche à billets.

Un jour d'hiver 2003 donc, après avoir bien mis deux heures pour arriver au bureau, ralentie par les conditions météo détestables d'un hiver neigeux à Paris (on peut donc multiplier par dix la situation de trafic déjà déplorable habituellement), je suis arrivée telle une fleur d'Edelweiss fanée qui aurait parcouru 52 km de randonnée depuis la montagne pour débarquer dans le bureau de ma chef en proclamant : — plutôt que de perdre du temps dans les transports pour passer la journée devant mon ordinateur, ne serait-ce pas plus pertinent que je travaille de chez moi ?

Et là j'ai croisé le regard incrédule et perdu de ma responsable, sous le choc. Elle oscillait entre rire de ma demande, crier de rage devant tant d'impertinence (outrage à agent !), et me lancer des yeux plein de compassion devant tant de bêtise incarnée. Sa sentence fut irrévocable — Es-tu folle ? T'as perdu la tête ? Ça ne va pas, bien sûr que non. Tu viens et c'est tout !

Et voilà ce qui se passe lorsque tu as quinze ans d'avance : tu subis l'incompréhension de tes pairs. Mais la morale de cette histoire est qu'il faut toujours s'écouter et laisser parler sa créativité. La créativité se joue aussi dans notre façon d'appréhender notre quotidien, de le simplifier, de l'améliorer. Je ne sais pas d'où m'est venue cette idée de télétravailler, à une époque où cela ne se faisait pas — nous n'avions même pas d'ordinateur portable au bureau, seulement un ordinateur fixe, et pas de téléphone mobile attribué aux employés de bas étage, c'était donc difficile à mettre en place dans les faits — mais une chose est certaine : ma créativité m'a fait inventer un nouveau mode de travail. Car j'ai compris que mon bien-être, mon efficacité au travail passeraient par une meilleure qualité de vie, et donc moins de transports inutiles.

Mon côté « FUCK » m'a motivée à aller au bout, puisque cinq ans plus tard j'ai obtenu gain de cause, alors que ça ne se faisait pas encore dans l'entreprise. Lorsque j'ai eu mon premier enfant, j'ai changé de fonction et intégré une équipe dirigée par une femme un peu plus ouverte d'esprit sur ces questions d'organisation et méthodes de travail. Ouverte d'esprit oui, et surtout maligne, car elle y voyait bien son intérêt entre 1. lâcher un peu la bride à la jeune maman que j'étais, afin de me motiver et que je sois plus productive ou 2. Risquer que je sois absente ou épuisée en raison de mes obligations familiales et donc moins efficace. Cette femme, elle-même maman de quatre enfants, était donc bien plus éveillée et consciente que beaucoup de personnes à l'époque, et ça a été ma chance. Mais elle n'était pas non plus tête brûlée au point d'aller à l'encontre des règles corporatistes. Pour obtenir cette journée de « glandouille à la maison » de la part de la grande instance décision-naire incarnée dans la direction des ressources humaines (tu auras compris l'ironie derrière l'expression « glan-douille », la mentalité française à cette époque, et même encore un peu aujourd'hui, considérant que si tu n'es pas là physiquement, tu ne fais rien, tel un enfant de deux ans irresponsable ! Ah la la, toutes ces personnes auraient besoin de lire ce livre pour s'ouvrir l'esprit, et les yeux !). Pour bénéficier de cette journée sésame disais-je, j'ai dû donner un justificatif hallucinant, qu'aujourd'hui aucun responsable RH n'oserait demander : déclarer sur l'honneur, à l'écrit, que je faisais garder ma fille les jours où je télétravaillais ! Je ne me souviens plus s'ils sont allés jusqu'à demander une attestation de ma nounou, ou me demander de leur fournir des factures de garde. C'est fort possible, et j'avais trouvé cela très intrusif, un peu comme lorsqu'un employeur demande à une jeune femme en entretien d'embauche si elle compte avoir des enfants et s'absenter en congé maternité. Tu vois le genre ! Mais comme mon désir d'améliorer ma qualité de vie primait, je n'ai pas rechigné, et j'ai obtenu cette fameuse journée de télétravail. Puis, lorsque l'entreprise a instauré la mesure d'une journée de télétravail de manière systématique pour tout le monde, j'en ai obtenu deux !

Dire FUCK revient donc à s'écouter. Écouter son rythme, répondre à ses propres règles, même si elles ne sont pas « normales », même si elles dérangent, même si elles sont avant-gardistes.

Dans le premier chapitre, je te disais que je n'étais pas sérieuse sur les horaires. En fait, il ne s'agit pas là d'être sérieux ou pas. Il s'agit là d'écouter son propre rythme. J'en ai même fait un des sujets de mon podcast *Moi je voulais juste être Madonna !*, l'épisode 3 : *Faut-il échapper à la normalité pour créer sa vie de rêve ?* Dire FUCK c'est aussi assumer qui l'on est. Dans son entièreté. J'aime à dire que dans la nature il y a des ours, des coqs, des dauphins, des lions, et des loups. Personnellement, mon animal totem est le loup (je l'ai découvert lors d'un voyage chamanique que je te raconterai peut-être un jour). Est-ce qu'on attend d'un loup qu'il soit levé à l'aurore comme un coq ? Non. Est-ce qu'on attend d'un coq qu'il soit éveillé toute la nuit comme un loup ? Non. Parce qu'un coq est un coq. Un loup est un loup.

Pourquoi dans la nature les animaux auraient leur propre rythme et façon de vivre, et pas les humains ? La suprématie de l'homme sur la nature irait-elle jusque-là ? Pour rappel à ceux qui l'auraient oublié en chemin, nous faisons partie de la nature. Nous sommes des animaux évolués (enfin si l'on peut dire ainsi, les animaux ne polluent pas, eux. Je ne sais pas qui est le plus évolué des deux). Donc, on respecte le rythme d'un loup ou d'un coq, mais concevoir qu'un humain ait un rythme différent est impossible. Tout est conçu pour les coqs. Se lever tôt est considéré comme « Bien ». Se lever tard, c'est être flemmard. À cela moi je dis (et je t'invite à le dire avec moi, que tu sois coq, loup ou tout autre animal) : FUCK. Assumons qui nous sommes. Nous n'avons pas à nous laisser imposer un rythme, nous n'avons pas à tous entrer dans le même moule.

Ma demande de télétravail, cher lecteur, n'était pas mon premier « coup ». Dès mes premières années d'entrée dans le monde impitoyable du corporatisme, j'avais déjà osé émettre quelques hypothèses allant à l'encontre de la bienséance, ou bien-pensance. J'avais demandé à décaler mes horaires… oohhh la vilaine ! Mon esprit tout autant rationnel et logique que libre et fou, encore une fois, m'a amenée à analyser un fait : tout le monde se retrouve sur la route aux mêmes horaires. Entre 8 h et 9 h c'est infernal, surtout à Paris. Tout comme ça l'est le soir entre 18 h et 19 h. Puisqu'à l'époque de mes vingt-trois ans quand je commençais à travailler je n'avais aucune contrainte familiale, j'avais émis le souhait de décaler mes horaires pour respecter davantage mon rythme, et éviter de me rajouter une couche de stress inutile. Ma requête était de décaler mes horaires d'arrivée et de départ d'une heure. Ma chef de l'époque a dû faire la même tête d'animal effrayé et me dire de retourner bosser sans chouiner.

Sauf que je n'ai jamais réussi à me conformer aux règles. J'ai toujours eu tendance à respecter mes règles à moi. Résultat : j'arrivais en retard tous les jours. Comme j'étais irréprochable sur mon travail et que je partais plus tard, on ne pouvait pas trop me blâmer. Mais j'avais une réflexion tous les jours. Cette attitude « impétueuse » qui faisait tant mon charme au début m'a porté préjudice dans ce cas précis. Elle a aussi fait naître plusieurs inimitiés dans ma première vie professionnelle, tout autant que de supporters. Tout comme le télétravail, j'ai persévéré. Jusqu'à ce que la bénédiction me fasse changer de chef pour un patron anglo-saxon, bien plus sensé que tous les chefs français que j'ai pu avoir. Ce chef ne voyait que le résultat du travail, et non pas la façon de l'accomplir. Les horaires lui importaient peu, d'autant plus dans une entreprise à l'échelle internationale qui nécessitait tout autant de travailler avec les États-Unis qu'avec l'Asie, à des heures décalées donc. Enfin j'avais réussi à gagner ma liberté.

Voilà dix ans que je travaillais, et enfin j'obtenais gain de cause : des horaires décalés et un jour de télétravail.

FUCK permet non seulement de respecter son rythme, poser ses limites, questionner la normalité, repenser les méthodes, inventer de nouvelles façons de travailler. Mais c'est aussi se foutre du regard des autres ou de leur jugement.

Tu ne peux pas accéder à ta vie de rêve si tu suis toutes les conventions, les normes et si tu agis pour ou en fonction des autres. J'en suis persuadée.

L'avis des autres, c'est la vie des autres est devenu l'un de mes mantras.

Pour créer ta vie de rêve, extrais-toi du regard des autres. Ce n'est pas un exercice aisé, car en tant qu'animal social, et loyal, nous avons toujours tendance à vouloir être aimé et approuvé. Nous avons aussi le désir conscient ou inconscient de satisfaire notre entourage, en premier lieu nos parents.

Mais si tu souhaites changer ta vie, devenir qui tu es, t'épanouir pleinement, déplaire fait partie du chemin. On dit souvent que les « haters » arrivent en même temps que le succès. Crois-tu que les stars ou grands artistes comme Madonna, pour citer à nouveau une de mes idoles (pour ceux qui ont écouté mon podcast *Moi je voulais juste être Madonna !*), ont satisfait aux désirs de leur famille ? Les Prince, Elton John, ou même les grands entrepreneurs tels que Bernard Tapie (je t'invite à regarder l'excellente série sur son parcours) ou d'autres, ont tous été à contre-courant. Se sont tous fait juger, pointer du doigt, dénoncer, salir, traîner en justice. Non pas qu'il faille en arriver jusque-là, mais bousculer les conventions, dire FUCK, demande une bonne dose de courage et de pugnacité.

Dire FUCK c'est la liberté.

Dire FUCK aux autres c'est se dire OUI à soi.

Et finalement, qui vit ta vie, si ce n'est toi ?

Qui d'autre que toi peut décider pour toi ce qui est bon ?

J'en entends déjà certains penser : — Non mais elle est marrante, elle. On ne peut pas tout envoyer bouler comme ça. Je ne veux pas heurter ma mère. Et puis mon père ça le tuerait. Et puis j'ai des enfants. Et puis…

Oui, oui, c'est cela même.

Cherche des excuses.

Reste dans ta VDM (si tu ne sais pas ce que c'est, Google est ton ami).

Reste dans ta médiocrité.

Reste dans ta petite vie bien rangée, sans faire de vagues.

Qu'est-ce que tu fais là à lire ce livre ?

Si tu n'es pas en mesure de questionner tes certitudes, et tes convictions, je ne peux t'être d'aucune aide.

Je ne suis pas psy.

Assume que tu es fou/folle.

Retrouve ta joie enfantine.

Joue avec la vie.

Et dis FUCK.

Ensuite tu pourras lire la suite de cet ouvrage aussi politiquement incorrect que ce que ton esprit va devenir. Parce que c'est ce que tu veux. C'est ce que tu vaux. C'est ce que tu vas créer, si tu le veux vraiment.

Alors, on passe à la suite ?

Ou tu as peur que mamie vienne te dire comment faire ?

Allez, « Fuck you, you won't do what they tell you ».

Allez, répète après moi : F-U-C-K !

Plus fort ! Encore plus fort !

Voilàààà, on peut continuer.

Dans ce chapitre :

- Je t'ai livré de nouvelles anecdotes personnelles, comme celles du télétravail ou des horaires décalés, pour illustrer l'importance de poser ses limites ;
- D'écouter son rythme ;
- De ne pas accorder trop d'importance au regard des autres ;

- D'oser ;
- Pour faire la part belle à la fameuse phrase « On ne peut pas plaire à tout le monde ».

CHAPITRE 4

La Vie est un Voyage, pas une destination[4]

Ou comment ouvrir le champ des possibles.

« Rien ne développe l'intelligence comme les voyages »
Emile Zola

À l'heure où j'écris ces lignes, un dimanche après-midi paisible de printemps, une chanson de mon idole tourne en fond. Madonna invite à embarquer pour la « Isla Bonita ».

Tropical the island breeze
All of nature wild and free

---

4   Citation de Bouddha.

This is where I long to be
La isla bonita

J'aime beaucoup les synchronicités. Cette chanson qui invite au voyage n'arrive pas par hasard, au moment où je m'apprête à t'inviter toi aussi en voyage.

Les voyages c'est la vie.

Les voyages c'est ma vie.

Les voyages ont changé ma vie.

Voyager, prendre le large, s'extirper du quotidien, prendre l'air, aller à la rencontrer d'autres cultures, visiter des lieux culturels. C'est pour moi un des secrets du bonheur et un moyen puissant de développer sa créativité.

La créativité appelle la créativité. C'est lorsque l'on sort de son quotidien, que l'esprit s'aère que l'inspiration vient. La nature est une source inépuisable d'inspiration, elle nous reconnecte à notre être profond.

Voyager ce n'est pas forcément aller à l'autre bout du monde. Il y a tellement de merveilles dans notre pays. C'est une question de volonté, et de volonté de s'ouvrir l'esprit. C'est aussi une question de regard que l'on pose sur son entourage. Voyager ça peut être là où on va d'habitude mais en regardant ce lieu avec des yeux neufs.

Nous naissons tous avec les mêmes bases : un corps et un esprit. Ce qui change la destinée ensuite, c'est bien sûr l'environnement familial, l'éducation, l'environne-ment de vie, mais aussi les choix que l'on fait pour soi une fois adulte. Une personne qui n'a jamais bougé de chez elle ou presque, aura forcément moins de connais-sances, d'ouverture d'esprit, d'intelligence que quelqu'un qui est allé à la rencontre des autres, qui a voyagé, expé-rimenté. Elle n'aura accès qu'à une toute petite partie de l'infini des possibilités. Et ce n'est absolument pas une question de moyens financiers ou de milieu social. C'est une question de choix.

Tout est une question de choix.

Je suis sûre qu'autour de toi il y a des trésors insoup-çonnés. Ta ville ou ton village regorgent de trésors. Ton quartier regorge de trésors. Ton immeuble ou ta maison même. La créativité se trouve aussi dans la façon de regarder son environnement immédiat. Celui que l'on voit tous les jours. Prendre de la hauteur, tel un aigle. OUVRIR les yeux, vraiment. C'est comme chercher un objet dans une pièce. Certains regardent mais ne voient pas. Et ce n'est pas parce qu'on ne voit pas que ça n'existe pas. C'est d'ailleurs tout l'objet de l'invisible, des énergies, le fondement de la physique quantique ou de l'ésotérisme aussi. Sujets que j'adore, et dans lesquels j'ai baigné depuis toute petite. J'aborderai sûrement ces thématiques plus en profondeur, ici ou ailleurs. Mais pour l'heure, parlons des voyages, du regard que l'on pose sur son environnement, et de l'importance d'OUVRIR vraiment les yeux.

Toute maman ou papa qui lit ce livre sait que les enfants ne trouvent jamais le vêtement ou l'objet qu'ils cherchent dans leur chambre. Et comme par magie, quand papa ou maman arrive (souvent maman ! D'accord messieurs, vous aussi, parfois !) l'objet est retrouvé. Ça nous arrive à tous. On cherche un objet, un papier, des lunettes qu'on ne trouve jamais sur le moment. Et on le/ les retrouve une heure ou un jour plus tard. Parfois même plusieurs mois plus tard. Bien souvent cet objet se trouvait juste là, sous notre nez ou presque. Nous n'avons juste pas vraiment « OUVERT les yeux ».

Cela demande un peu d'entraînement et de travail pour lâcher prise. Pour accepter que la solution ne se trouve pas là tout de suite maintenant.

Porter un regard neuf sur sa vie, son environnement s'acquiert avec l'expérience, à force d'aller vers de nouveaux horizons. À force de voyager, notamment.

J'ai toujours eu cette appétence pour les voyages. Mes parents ont voyagé, certes, mais pas tant que ça, ils étaient plutôt casaniers. Quand certaines familles changent de lieu de vie tous les deux ou trois ans, ou sont nomades, pour ma part j'ai grandi au même endroit pendant dix-huit ans, dans la même maison. J'ai même fréquenté la même école de la maternelle au lycée, et les mêmes amis. C'est dire que mon âme d'aventurière n'a pas été stimulée par mon environnement étant enfant. Mais, issue d'une famille avec des origines étrangères, tunisiennes notamment, cet appel du voyage est ancré dans mes cellules. Dès que j'ai terminé mes études, j'ai eu le désir de partir étudier ailleurs en France et à l'étranger, en Angleterre. Petit à petit cet appel a été de plus en plus fort, si bien que j'ai choisi un travail à l'international qui me permettrait de bouger régulièrement. J'ai également très tôt entrepris des voyages personnels en Inde, au Mexique, au Canada et un peu partout en Europe. Chaque voyage nourrit l'esprit. Chaque voyage est une découverte des autres, et surtout de soi. On se confronte à l'inconnu, on ne contrôle plus tout et surtout on doit s'adapter, composer avec le lieu que l'on visite. Regarder avec des yeux neufs et accueillir la différence.

Faisons maintenant un saut dans le temps. Je vais te raconter un bout de mon histoire, encore.

Nous sommes en 2006, j'ai vingt-neuf ans. À cette époque je ne suis pas très bien dans ma peau, j'ai perdu le sens de mon existence et même si je commence à m'épanouir dans ma vie personnelle, côté travail ce n'est toujours pas ça. Nous sommes en plein cyclone existentiel, j'ai du mal à en sortir. C'est la période post-accident de voiture dont je t'ai parlé dans un chapitre précédent. Une de mes amies de l'époque rêve de l'Inde et de ses Palais. Elle y voit la majestuosité, la grandeur, la magnificence. Elle rêve d'y aller mais ne s'y autorise pas. En bonne Dora l'exploratrice un brin tête brûlée, je lui propose d'y aller ensemble, voilà une occasion de voyager, voyager loin. Moi, je n'attends rien de particulier de ce voyage. Elle a tout lu, je n'ai rien lu. Je n'avais même jamais envisagé aller en Inde un jour. Mais je suis intéressée par la spiritualité et le bouddhisme m'interpelle. Je saisis alors cette occasion pour aller en Inde – pour elle ce sera un voyage touristique ; pour moi ce sera un voyage initiatique.

Nous voilà donc parties toutes les deux, la blonde et la brune, pour un voyage itinérant de dix jours. Je ne sais absolument pas ce que je m'apprête à vivre, mais comme toutes les expériences que j'ai vécues, l'écriture de ce livre comprise, j'y vais tête baissée.

À peine arrivées à New Delhi, c'est le choc. Ça grouille. C'est sale, pollué, bruyant. Des fils électriques partout.

Des voitures, des rickshaws, des motos chevauchées par quatre personnes sans casque. Des vaches, des chèvres, des poules. Des déchets partout. Mais *What the Fuck* comme on dit en bon français. On prend un taxi, on arrive à l'hôtel et le jour-même, mon amie fait un malaise dans la chambre. Ça commence bien. Moi je suis surprise, interloquée, étonnée mais j'ai la pêche. Ce voyage s'annonce génial.

Le lendemain notre guide nous propose de visiter un jardin bien connu : le jardin de Gandhi. Jusqu'alors je ne vouais pas une admiration particulière à Gandhi. Je le savais Grand Sage, j'aimais ses enseignements et ses réflexions, mais ça ne résonnait pas spécialement en moi. Ce n'était pas le sujet de ce voyage en Inde. Pas consciemment, du moins.

Une fois les pieds posés dans ce jardin, c'est la révélation. Je sens une profonde sérénité me gagner, comme une bouffée de chaleur douce qui envahit mon corps, ma tête, mon esprit. Mon âme est touchée. À ce moment-là c'est comme si je n'avais plus le contrôle de moi-même, qu'une force externe venait m'habiter. C'est comme si mon âme venait me parler et me guider. J'ai alors eu l'envie irrépressible de me déchausser, là, au milieu de ce jardin public. De marcher pieds nus sur l'herbe afin de m'ancrer à la terre, de ressentir toutes les vibrations de ce lieu magique. Tu imagines la tête de mon amie ? Mais ça n'avait pas d'importance, seul le ressenti de ce moment comptait. J'avais trouvé mon guide, mon mentor. Ce moment dans le jardin de Gandhi me marquera à jamais. Je garde encore aujourd'hui les images, les sensations, les sons de cet instant de transformation. Je retrouve ce moment très souvent lorsque je pars en méditation, c'est l'un de mes moments et de mes lieux ressources.

À ce moment-là j'ai su que quelque chose de grand m'attendait. Que ma mission était grande, que je devais avoir confiance car le Grand Sage me guiderait toujours.

Gandhi m'accompagnera toute ma vie. J'ai d'ailleurs le souvenir que des années plus tard, dans l'entreprise où je travaillais, j'avais marqué les esprits en allant inscrire sur le mur du bureau, au vu et au su de tous, les mots du Maître : « Nous devons être le changement que nous vous voulons voir dans le Monde ».

Cette expérience a été annonciatrice, et transformatrice. Elle a sûrement impulsé mon désir d'œuvrer pour le bien commun, de m'impliquer pour « changer le monde » en choisissant un métier de sens : d'abord en m'impliquant dans des projets de développement durable au sein de la multinationale qui m'employait, puis en souhai-

tant révéler les âmes d'artiste au travers de mon entreprise Acapelart, afin que chacun soit créateur de sa vie,
retrouve sa joie enfantine, et puisse changer le monde à
son tour...

Ce voyage en Inde m'a transformée. Il y a eu d'autres
moments forts, comme assister à une crémation sur les
bords du Gange à Bénarès qui changea à jamais ma perception de la mort ; la balade en bateau sur le Gange au
lever du soleil quand tous les disciples viennent se puri-
fier ; la visite d'une école à Khajuraho qui permet de se
rendre compte de la réalité de ces enfants ou encore la
visite des temples bouddhistes à Bodh Gaya. Ce voyage a
OUVERT un champ des possibles dans ma tête. Il a généré
de réelles prises de conscience, sur la vie, sur les priori-
tés, sur notre société occidentale.

En rentrant de ce voyage ma vie a changé encore,
comme je te le racontais dans un précédent chapitre.
Alors que je ne m'imaginais pas maman, un peu trauma-
tisée par les conflits familiaux qui ont bercé ma jeunesse,
j'ai pris une décision : demander mon copain de tonneaux en mariage avec le souhait de tracer ma propre
voie au sein d'une vie de couple, de famille et de maman.
Les dessins animés de princesse dans lesquels nous
sommes toutes bercées, nous les filles, montrent tou-

jours le prince charmant demander la main de la princesse. Même si ce schéma a été le mien aussi, ce voyage m'a fait aller au-delà de cette vision idyllique des choses, au-delà des traditions. J'ai choisi de prendre ma vie en main et d'aller chercher ce que je souhaitais. J'ai fait un choix. J'ai décidé de changer le cours de ma réalité, de créer ma vie de rêve. Et cette vie de rêve je la voyais avec une famille, des enfants.

Un an plus tard nous nous sommes mariés. Six mois après le mariage, notre premier enfant naissait.

Le voyage a changé ma vie.

Ce voyage a été l'un des moments clés dans mon parcours d'émancipation, ce ne fut pas le seul.

Il m'a permis de prendre des décisions, de voir grand, de m'engager. Prendre le large ce n'est pas fuir la réalité, bien au contraire. Prendre le large c'est se trouver, se retrouver.

Si maintenant la plupart des cursus scolaires incluent des voyages ou expériences à l'étranger, encore trop peu de personnes s'autorisent à barouder. C'est considéré comme superflu ou réservé à une catégorie privilégiée de la population. Un peu comme l'art finalement.

Alors que je te garantis que c'est un investissement en soi-même.

Pour terminer ce chapitre sur le voyage, je citerai Lao Tseu : « Un bon voyageur n'a ni plans établis ni destination ». Comme la vie, finalement.

Dans ce chapitre :

- Je t'ai raconté mon voyage en Inde et la façon dont il a changé le regard que je posais sur la vie, jusqu'à modifier le cours de mon existence ;
- Je t'ai parlé de mariage et de maternité, et des choix de vie que l'on prend ;
- Car le voyage est une question de choix, et non de moyens ;
- Voyager c'est une question de regard posé sur le monde.

CHAPITRE 5

Suis le flow, frérot !

Ou comment se laisser traverser par le courant de la vie.

« Le flux et le reflux me font « marée »
Raymond Devos

Au-delà des bons mots de Raymond (avouons que c'est bien trouvé), j'aurais pu prendre cette citation plus profonde de Jean-Jacques Rousseau dans ses *Rêveries du promeneur solitaire* : « Tout est dans un flux continuel sur la terre. Rien n'y garde une forme constante et arrêtée, et nos affections qui s'attachent aux choses extérieures passent et changent nécessairement comme elles ».

Le flow. Le flux. Le courant. La vibe. Appelons cela comme on le souhaite. Au-delà de la sémantique, tous ces termes expriment la même chose : cette nécessité de se laisser bercer, se laisser porter par les flots, tels des poissons nageant dans l'eau de la vie. Car on aura beau aller à contre-courant, à un moment on s'épuise. On lutte. On se fatigue. C'est contre-productif et surtout ce type d'attitude ne crée qu'une seule chose : l'inverse de ce que l'on souhaite.

Pas de hasard que le terme de flow soit utilisé dans la musique. L'amoureuse de la musique que je suis prend nécessairement cette référence pour expliquer le concept : le flow (flux en français) désigne la musicalité d'une chanson ou d'un morceau, le débit du rythme de la musique ou des paroles d'une chanson. C'est un terme particulièrement utilisé dans le rap « avoir un bon flow ». Dans la création musicale, le flow est un critère de conception. Il tient compte de la cadence du beat et n'a aucun rapport avec la lenteur ou la rapidité. Il prend aussi en compte l'esthétique dans la diction, et le contrôle du souffle.

Et là est le secret. Trouver le beat qui convient à chacun. Qu'on aime la lenteur, comme j'en fait l'éloge dans un des chapitres de ce livre, ou qu'on aime la rapidité, le tout est de trouver le flow qui nous convient, tant qu'on le laisse nous traverser.

Le flow, pourquoi ça vient dans un livre sur la créativité ? Parce que c'est clairement l'un des secrets. Un des secrets du bonheur, tout d'abord. Et un état qui se manifeste lorsque l'on exprime notre créativité. Qui elle-même s'exprime lorsque l'on se laisse porter par lui. La boucle est bouclée.

Le flow se manifeste lorsque l'on est complètement absorbé dans une activité qui nous donne du plaisir, une activité qui ne demande pas d'effort. La notion de temps est altérée, il se déroule à la fois très rapidement et très lentement. Le flow défie les lois humaines du temps (rappelons que le temps n'existe pas dans la nature, c'est une pure création humaine. Seuls les cycles existent). Comme l'homme a mis en place tout un tas de systèmes, de processus, de structures pour que nous puissions vivre dans ce monde (ça le rassure), nous avons peu à peu perdu cette notion de flow. Qui est pourtant bien présente dans la nature. Les flots de la mer. Les flux d'énergie. Les flux et reflux de la marée, comme l'exprime si bien Raymond Devos. Les vibrations. Tout cela nous entoure, naturellement. Et humain présomptueux que nous sommes, voulons défier cela, contrôler. Mais à force de contrôle on se dénature, on perd la fluidité du courant de la vie qui coule en nous. Et on devient malheureux, ou aigri.

Alors, c'est bien joli tout ça, mais comment on fait ? Déjà on lâche le mental tant que possible. On évite d'analyser, vouloir théoriser. On lâche les chevaux. Et puis si on a du mal à le faire, comme c'est mon cas, on s'entraîne. On peut tenter la méditation, outil puissant utilisé depuis des centaines d'années pour se reconnecter à soi, à son instinct naturel, à l'instant présent. Ensuite, on peut mettre en place de petites actions quotidiennes comme enlever sa montre au poignet qui a tendance à stresser. Si on le peut, on enlève la sonnerie du réveil et on s'apercevra qu'instinctivement, la plupart du temps, notre corps et notre esprit se réveillent à la bonne heure. Je te raconte une anecdote à ce sujet un peu plus loin.

Suivre le flow c'est donc ça. C'est décider de faire confiance à la vie. Trouver ce qui nous entrave dans le quotidien, et c'est propre à chacun, comme le beat. Une chose est sûre, quand on arrête de contrôler, tout se déroule de manière fluide, de belles surprises arrivent, des portes s'ouvrent. Comme un enchaînement de transports qui se fait dans la fluidité. Une information qui nous arrive au moment où on en a besoin. Une proposition inattendue.

Tout cela est donc bien réel. Je l'ai expérimenté dans la matière. D'abord grâce à un travail avec de l'hypnose et depuis plus récemment grâce à la méditation qui a accéléré le processus. Depuis que je pratique la méditation de façon régulière, les choses se sont fluidifiées dans ma vie. Tout se fait sans forcer. C'est magique. Oui la magie existe et ce n'est en rien une technique de sorcière. Depuis que j'ai décidé de faire confiance et de m'ouvrir à la vie, les rencontres se font, les opportunités arrivent.

J'ai une anecdote assez intéressante à te raconter sur la méditation, et sur la notion du temps. À l'heure où j'écris ce chapitre, je rentre tout juste d'une retraite de méditation en silence. Qui dit retraite de silence dit déconnexion, donc pas de téléphone. Sauf que ce que je n'avais pas anticipé, c'est que pas de téléphone signifie pas d'heure. J'avais déjà supprimé la montre il y a des années, source de stress pour moi qui ai un rapport particulier au temps. Ouch, pas de notion du temps pendant une semaine, ça va être dur. Moi qui suis tout le temps en retard dans la vie, tu imagines bien que là je me suis préparée à ce que ce soit la catastrophe. Heureusement, les moments importants de la journée étaient ponctués par le son d'un gong, mais entre deux moments forts, aucun moyen de connaître l'heure. Et comme on ne pouvait pas se parler entre nous, ni se regarder, ni entrer en contact sous quelque forme que ce soit, pas de possibilité de demander l'heure.

Après la panique du début, j'ai décidé de lâcher prise, de faire confiance. Et une chose extraordinaire s'est passée : j'étais toujours à l'heure. Toujours. Moi qui suis pourtant une lève-tard, mon corps et mon esprit se réveillaient instinctivement 5 mn avant le gong de 6 h 30. Chaque jour. Après le petit déjeuner, nous avions environ 1 h 30 de temps libre, que j'utilisais pour me préparer, pour flâner ou m'assoupir. À chaque fois que je me disais « ça y est j'ai fait ce que j'avais à faire » le gong sonnait quelques minutes après pour le temps de méditation. Quand je suis partie de cette retraite, j'ai retrouvé mon rythme habituel, et mon corps et mon esprit se sont réveillés plus tard.

Expérience déroutante. Impressionnante. Qui prouve que le flow est en nous. Que l'on a besoin de rien. Que tous les outils extérieurs de contrôle ne sont nécessaires que lorsque l'on est déconnectés de notre nature profonde.

Le jeu du flow consiste aussi à travailler sur ses comportements. En conscience d'abord, pour que cela devienne ensuite inconscient. Par exemple, si un blocage arrive, plutôt que de s'acharner pour le dénouer parce que notre ego a décidé que c'était ça qu'il souhaitait, accepter les choses telles qu'elles sont. Tu souhaitais manger du poisson au restaurant et il n'y en a plus ? À quoi bon hurler sur le serveur, ça ne fera pas arriver le poisson dans ton assiette. À quoi bon ruminer comme un enfant gâté « oui mais moi, je voulais manger du poisson ! ». Ça ne fera qu'énerver le serveur, t'énerver et instaurer une mauvaise ambiance à la tablée. Tu as le choix de ta réaction : accepter et changer de plat ; changer de restaurant parce que tu veux absolument du poisson ; aller pêcher toi-même le poisson ; etc.

Quel est le rapport avec la créativité me diras-tu ? C'est assez simple en fait. Créer sa vie de rêve, c'est tout simplement cela. Accepter les choses comme elles sont et surtout accepter que lorsque les choses bloquent c'est sûrement que ce n'est pas le bon chemin. La vie envoie des signes, en permanence. Notre ego contrôlant ne veut pas toujours les écouter alors que notre instinct sait. Si on l'écoute vraiment, qu'on suit cette petite voix intérieure, tout devient plus facile. Alors, vas-tu suivre le flow frérot ?

Dans ce chapitre :

- J'ai évoqué la pratique artistique pour ouvrir l'état de flow ;

- Qui libère lui-même la créativité ;
- Le flow nous libère de l'illusion du temps qui passe ;
- Des outils comme la méditation offrent un espace de flow accessible à tous ;
- Je t'ai raconté une anecdote sur mon expérience de retraite de silence ;
- La nécessité d'accepter les états que l'on ressent, et les étapes ;
- Ne pas forcer quand ça bloque et relâcher le besoin de contrôle.

CHAPITRE 6
Éloge de la lenteur

Ou comment ralentir pour vivre mieux.

« Ralentir, parce que de toute façon les choses se font, le monde avance, et peut-être même avance-t-il mieux ».
Stefano Scrima dans Philosophie du canapé.

J'aurais pu intituler ce chapitre *Bonjour Paresse* du titre du livre de Corinne Maier que j'ai lu il y a des années, à une époque où j'étais salariée, comme 90 % de la population — donnée aucunement scientifique mais très certainement proche de la réalité... ma paresse m'empêche de vérifier ! —, en me demandant chaque jour ce que je fichais là, pourquoi je me levais pour répondre à des injonctions d'autres personnes pour lesquelles mon bien-être était le cadet de leur souci. Pour effectuer des tâches commandées par une institution, sans sens, ni queue ni tête. Pour gagner quelques sous chaque mois, dont la proportionnalité n'était aucunement relative à ce que j'apportais, de mon point de vue. Avec comme seul but quotidien les pauses café, les déjeuners au self, les discussions avec les quelques collègues intéressants ou drôles, et la fin de la journée. Et la fin de la semaine pour enfin jouir de la vie les samedis et dimanches, comme la plupart des salariés. Oui, je m'ennuyais ferme. Je ne trouvais aucun sens à cette vie-là, qu'on m'avait vendue comme le paradis. *Bonjour paresse* m'avait apporté quelques perspectives et clés de compréhension dont il m'aura fallu des années d'intégration, des milliers d'euros de mes payes investis en thérapies diverses et variées, trois burn-out, trois passages en hôpital pour un repos forcé, des traitements médicamenteux, des remises en question profondes et perpétuelles, un divorce et un p***** d'éveil de conscience ultime et salvateur pour décider de vraiment changer le cours de mon existence et réorienter le cours de ma vie.

Mais nous ne sommes pas là pour que je te raconte ma vie (enfin un peu quand même, mais pas trop non plus. Ça risque de devenir très égocentré cette histoire !).

Donc tout ça pour me rendre compte que je n'étais pas faite pour ce type de vie. Mon âme d'artiste est bien trop rebelle pour rentrer dans une case trop petite pour elle. Et l'hyperactivité, le travaillisme excessif comme seule voie royale de notre société de Speedy González ne sont pas non plus la voie qui me convient, moi l'hypersensible. Et ce, malgré mon trouble de l'attention et de l'hyperactivité suspecté. Paradoxe de l'humain. Cette hyperactivité cérébrale a besoin de calme, de volupté, de solitude, de lenteur… et de canapé ! Comme l'explique si bien Stefano Scrima dans son excellent livre *Philosophie du canapé* dont je viens de terminer la lecture au moment où j'écris ces lignes.

Oui la lenteur, l'oisiveté, la paresse, sont des outils nécessaires à notre créativité. À notre conscience. Pour lui permettre de s'élever. De s'éveiller. Quand on court à 100 à l'heure toute la journée, tu le remarqueras, on n'a pas le temps de créer, ni de réfléchir à notre condition. Peut-être est-ce là la volonté de notre société d'aliénés. « L'esclavage n'avait pas été supprimé, il s'était étendu aux neufs dixièmes de la population » nous balance Charles Bukowski dans *Le Ragoût du septuagénaire* (merci Stefano Scrima pour cette référence). Je te laisse le soin de méditer sur ces mots, ou de t'insurger si ça te chante.

La lenteur. Si difficile pour bon nombre d'entre nous, surtout ceux à qui on a essaimé un « Dépêche-toi » toute leur enfance, comme moi. Résultat : je passe ma vie à être en retard ! À aller contre mon rythme pour entrer une fois de plus dans ce que la société veut faire de nous.

Aujourd'hui j'ai envie de dire STOP. Stop, arrêtons-nous pour contempler. Pour réfléchir. Pour méditer. Pour rêver. Pour imaginer. Pour fantasmer. Pour créer, tout simplement. Crois-tu que ce soit en évitant de réfléchir, de te poser, que tes rêves se réaliseront ?

Certaines nations l'ont bien compris. Pour avoir voyagé dans les îles des DOM-TOM et en Afrique notamment, on comprend que la vérité ne se trouve pas dans l'activité à tout prix. Ces peuples ont compris l'essentiel. Ils vivent sur un rythme plus ralenti que par chez nous (et surtout à Paris !), en phase avec la nature et les éléments (et ce n'est pas seulement dû au soleil et à la chaleur qui ramollissent le corps et l'esprit), ils prennent le temps, ils ont le temps, là où nous courons après le temps dans la plupart de nos sociétés occidentales. « Ralentir, parce que de toute façon les choses se font » voilà une parole pleine de sagesse de Stefano Scrima. Oui les choses se font, que tu t'agites ou que tu prennes le temps de savourer depuis ton canapé. De créer en dormant, comme John Lennon des Beatles aimait le faire.

C'est fou comme on se laisse rapidement embarquer dans la frénésie de la productivité. Alors que je fais l'éloge de la lenteur, alors que je me suis extirpée du rythme effréné parisien en choisissant de travailler à domicile, à mon compte, selon mon propre mode de vie, inévitablement je me laisse embarquer dans le mode accéléré quand je rentre à Paris après un voyage ou une escapade, que je le veuille ou non. Je suis bien souvent en proie avec une lutte personnelle pour ralentir.

Je parlais de la notion de temps dans un chapitre précédent, c'est un sujet tellement mystérieux. Alors que la nature prend son temps, nous humains n'avons pas le temps. Ou plutôt, nous ne le prenons pas. Pas assez souvent.

As-tu remarqué comme le temps semble plus lent dans certaines activités, circonstances ou dans certains lieux ?

La notion de lenteur et la capacité à adopter un rythme ralenti, viennent aussi avec le fait d'accepter qu'on ne peut pas tout faire, tout voir, tout comprendre et tout savoir. C'est un vrai travail pour beaucoup d'entre nous. Un travers qui s'appelle le « FOMO » c'est-à-dire « Fear of Missing Out ». Cette peur inconsciente de rater quelque chose, de passer à côté de l'événement de l'année ou de l'information capitale du moment. De ne pas être au courant. De ne pas profiter assez, comme s'il y avait une urgence. Alors on remplit l'agenda. On se colle cinq réunions en l'espace de deux heures, même si on sait pertinemment que c'est intenable.

Alors que je rentre d'un week-end en Espagne avec d'anciens camarades de promo, nous avons eu cette discussion avec mes amies. L'une d'elles m'expliquait que lorsqu'elle est en groupe comme nous l'étions, elle n'ira pas se coucher tant que la fête n'est pas finie, de peur de rater un moment-clé. Et ce, même si elle est épuisée. La peur de manquer, la peur de passer à côté ou d'être oubliée. On pourrait dire : « elle a juste envie de profiter ». Oui, sûrement. Mais cette peur très fréquente chez l'humain est le syndrome d'une déconnexion à notre nature profonde, et une entrave à la créativité.

Ce sujet me rappelle un souvenir de voyage. As-tu remarqué comme les personnalités, et les différences, se révèlent lorsque l'on part en voyage avec des proches ? Un conseil mon cher lecteur : si tu es adepte de la lenteur, de la contemplation, de la flânerie, de la *slow life*… ne pars pas en vacances avec un excité du planning. Tu vas souffrir ! Et lui aussi !

J'ai toujours eu un rythme lent. Une capacité de travail très soutenue, et rapide, mais un rythme biologique ralenti.

Si, avant, je croyais que c'était une tare, aujourd'hui je sais que c'est un atout.

Mon anecdote de voyage : il y a quelques années, ma sœur m'a gentiment invitée pour un week-end à Istanbul. Je l'adore ma sœur, mais nous sommes radicalement différentes. En vacances, je suis lève tard, couche-tard (pas qu'en vacances d'ailleurs !). Je flâne, j'aime rester dans des endroits à contempler, m'imprégner des couleurs, des odeurs, des ambiances. Visiter tranquillement. Je n'aime pas rester toute une journée à faire la crêpe sur une plage au soleil, mais j'aime y aller doucement. Ma sœur, elle, c'est Speedy Gonzalez. Elle veut se lever tôt, visiter, marcher, visiter, marcher. Pas le temps de s'asseoir pour déjeuner. Pas le temps de se reposer, allez hop, il faut aller découvrir tous les monuments. « Un hammam ? Pourquoi donc, ça ne sert à rien ! » Quel enfer pour moi ! Même si nous avons beaucoup visité, et je me suis forcée pour me caler à son rythme, tout en essayant de préserver le mien tant que possible, nous nous sommes aussi beaucoup énervées l'une contre l'autre. Je ne dis pas qu'un rythme est meilleur que l'autre. Chacun a le sien, comme le beat dont je parlais dans le chapitre du flow. Cela dit, je reste persuadée que lorsqu'on visite à toute vitesse, on ne garde que très peu de souvenirs. L'esprit n'a pas le temps d'imaginer, d'observer, de se laisser inspirer. On se coupe donc de notre créativité. J'ai d'ailleurs peu ou pas de souvenirs des monuments que nous avons visités, alors que je me souviens parfaitement des moments passés ensemble à flâner au café, au restaurant, dans l'hôtel ou dans le souk...

Ralentir. Ralentir. Raaaa-leeeenn-tirrrrrrr. Pour mieux créer.

Le génie créatif et la sagesse ne sont certainement pas dans le hamster qui tourne sans cesse dans sa roue, mais sûrement aux artistes, aux moines, aux philosophes, aux scientifiques ou à toutes les personnes qui prennent le temps de se consacrer à leur esprit, à leur imagination, à leur création.

Ralentir.

Freiner.

Pas après pas.

Laisser le temps au temps.

Savourer.

Flâner.

Ecouter.

S'écouter.

Divaguer.

Observer.

Ressentir.

Créer.

Éloge de la paresse.

Eloge de l'oisiveté (celui qui a décrété que l'oisiveté était un des sept péchés capitaux devait être marxiste !)

Éloge du canapé.

Éloge de la lenteur.

Éloge du calme et de la volupté.

Éloge de ce à quoi tout le monde aspire finalement, au fond.

Dans ce chapitre :

- Je traite de la paresse ou comment un rythme lent, tout comme l'ennui, contribuent à libérer la créativité ;
- La nécessité de revenir à un rythme plus en phase avec la nature ;
- La peur répandue du « FOMO » et comment elle peut nous pousser à aller au-delà de nos propres bornes ;
- Le travers de la surproductivité à tout prix, ou le syndrome de l'agenda rempli ;
- Une anecdote de voyage qui illustre la nécessité de ralentir pour mieux profiter du moment présent et nourrir sa boîte à souvenirs.

CHAPITRE 7

Silence, ça tourne

Ou comment se taire pour mieux entendre les messages.

« ... » Chuuttt

Écoute. Écoute ce silence. Écoute le bien. Il est silence, mais il crie. Il hurle. Il te hurle de l'écouter, de lui faire la place. En toi. Autour de toi.

Au-delà de ton ego. Au-delà des apparences. Au-delà de l'agitation. Par-delà les frontières de ton être.

Combien de personnes craignent ce fameux silence ? Qui n'en est pas un, dans un monde bruyant, agité. Combien de personnes allument la TV pour avoir ce bruit de fond permanent qui les rassure ? Pour éviter d'écouter la petite voix qui les appelle à l'intérieur. Et finalement, quand tu éteins la télé, que tu éteins ton téléphone, que tu éteins la radio ou toute forme de perturbation extérieure, tu te rends compte que le silence absolu n'existe pas vraiment dans ce monde. Un chant d'oiseau, le bois qui craque, le bruit du vent. Rien n'est silence. Et comme le vide n'existe pas, le silence est un leurre. Le silence extérieur du moins. Mais le silence subtil, lui, existe. Cet espace infime entre ton inspiration et ton expiration. Ce silence qui précède une note de musique et la suit. Ce silence entre deux battements de cœur.

Là réside la clé. La clé de ta conscience, et de ta créativité.

L'homme a horreur du vide, et il a horreur du silence. Comme toutes ces personnes qui craignent le vide depuis un pont ou un building. Ce vide qui n'en est pas un, juste une représentation faussée de la réalité, guidée par la peur. Et pourtant. Et pourtant le silence est un élément fondamental, essentiel pour se connaître vraiment. En profondeur.

Le bruit est la surface.

Le silence est le tréfond.

Trouver cet espace infime de silence au fond de soi, c'est ouvrir la porte et se laisser traverser par le flow dont je parlais dans un chapitre précédent.

C'est là où ton intuition peut vraiment s'exprimer.

Mais alors, comment faire ?

Déjà éteins toute perturbation. Coupe-toi un peu du monde, de temps en temps. Oui, tu peux le faire.

Choisis le silence. Médite. Extrais-toi du monde, ne serait-ce qu'un instant. Pars une journée en pleine nature, loin de tout, seul. Pars faire une balade, un tour de vélo, une marche ou ce qui te fait du bien. Sans écouteurs, sans musique, sans téléphone. Juste toi et toi.

C'est salvateur, tu verras.

C'est une des clés du bonheur, de la complétude, de la sérénité auxquels on aspire tous.

Ce chapitre m'a été inspiré d'une retraite de silence à laquelle j'ai participé. Plus j'avance dans la vie, plus le silence m'est nécessaire. C'est sûrement aussi pour ça que je suis un animal nocturne, je savoure le silence de la nuit qui nourrit ma créativité. La majeure partie des lignes de ce livre a d'ailleurs été écrite au beau milieu de la nuit, alors que tout le monde dort. Le silence est un outil puissant pour trouver des réponses, recevoir des messages, laisser son inspiration parler et créer. Tout comme la lenteur permet à notre esprit de divaguer et de recevoir les idées, le silence permet à notre pouvoir créatif de se révéler.

C'est inconfortable pour la plupart des personnes, dans un monde bruyant, surtout en ville. Mais lorsque l'on tente l'expérience, qu'on se force un peu (sans aller forcément jusqu'à une retraite de silence… quoique !), c'est assez fort.

Je t'ai raconté quelques anecdotes de cette fameuse retraite dans un précédent chapitre, notamment le phénomène d'être à l'heure tout le long du séjour, alors que je suis habituellement toujours en retard. Premier effet kiss cool du séjour. Je ne t'ai pas encore raconté l'inconfort que ça a provoqué d'être en proie avec moi-même. Nous ne pouvions pas parler, pas se regarder, pas écouter de musique, pas lire. Bref, rien. Juste soi avec soi. Juste le silence de son corps, des bruits de l'environnement et de la nature. Cette expérience fut une véritable révélation, tout autant qu'une torture ! J'ai eu l'impression de revivre l'expérience que je te racontais dans le chapitre un : l'asile de fous. J'ai ressenti beaucoup de colère, d'énervement, d'agitation, de peur. Une perte de contrôle totale et l'impossibilité de m'échapper. D'autres personnes de ce stage ont ressenti beaucoup de tristesse. Ma camarade de chambre a même passé sa semaine à vomir. Masochistes me diras-tu ? Oui, un peu. Mais cette expérience a été l'une des plus bénéfiques qu'il soit. Elle m'a prouvée que j'étais capable d'une grande résilience. Et elle m'a aussi montrée comment le silence pouvait me servir, servir ma créativité, servir mon bien-être. Pendant ces moments d'« enfermement » (encore !) j'ai eu des idées nouvelles pour mon entreprise, et pour mon livre. J'ai pu observer et encore mieux comprendre mon propre fonctionnement. Tester mes limites et visiter mes ombres. Et à la sortie de cette semaine de silence, j'ai pu écrire en cinq jours la majeure partie du livre que tu tiens entre tes mains, alors qu'il m'a fallu plusieurs mois pour écrire trois chapitres. S'il te fallait encore une preuve des bienfaits...

« Quand on n'a plus rien à dire d'intéressant, on se tait. »

Et c'est ce que je choisirai de faire pour ce chapitre, qui sera sûrement le plus silencieux de tous.

Fais silence en toi et laisse-toi emporter dans cette danse muette de la vie.

Tout simplement.

Dans ce chapitre, nous avons vu :

- Que le vide inspire ;
- Entrer en silence permet d'entendre sa petite voix ;

- Le silence permet de recevoir les messages ;
- Le silence est inconfortable mais tellement béné-fique pour son bien-être et sa créativité ;
- L'expérience de ma retraite de silence et ce qu'elle a permis de créer ensuite.

CHAPITRE 8

Pour que Cendrillon ait toujours 20 ans ![5]

Ou comment faire le ménage dans sa vie et dans son esprit.

« Le ménage du monde est comme celui d'un logement. Il faut recommencer tous les jours » Elsa Triolet

Balayer, astiquer, ranger (hommage à Princesse Erika, elle porte bien son prénom, elle a tout compris !), ces tâches ménagères rebutent tout le monde... ou presque ! Et pourtant c'est nécessaire. Une maison propre clarifie l'esprit. Tout le monde s'accorde à le dire. Faire le ménage c'est méditatif et sportif. Le corps et l'esprit s'extraient du quotidien et alors l'imagination se met en

---

5   Chanson de Téléphone : Cendrillon.

route naturellement. On en oublie souvent la notion du temps. J'aurais pu proposer cette solution dans mon chapitre sur le silence comme moyen de développer sa créativité.

Pourquoi dit-on « ménage de printemps » d'ailleurs ? C'est une tradition ancienne. À l'arrivée du printemps, il était nécessaire de vider les caves et les greniers afin de libérer de la place pour stocker les récoltes de la saison à venir, on procédait alors à un grand ménage. Cette habitude a donné son nom à l'expression bien connue.

Il s'agit là de faire le vide pour accueillir la nouveauté qui s'en vient. Au sens propre et figuré.

Faire le ménage en soi. Chez soi. Autour de soi. Créer le vide pour le remplir de nouvelles idées, nouvelles rencontres et opportunités.

Faire de la place. Jeter les vieilleries pour libérer l'espace, et faire table rase du passé. Faire le ménage dans sa vie a une réelle valeur. Que ce soit dans son intérieur (sa maison) ou dans son for intérieur. Dans son environnement, dans son entourage, dans ses pensées, dans ses habitudes, dans son travail. Dans tout, en fait.

L'homme n'aime pas le vide, mais le vide l'aime. Naturellement la place se fait pour accueillir le renouveau, plus en phase avec qui nous sommes à ce moment-là.

Cendrillon est un exemple concret d'une grande partie de ce que j'explique dans ce livre finalement. Si elle avait existé, je lui aurais sûrement demandé de préfacer ce livre !

Pauvre jeune fille soumise aux injonctions d'une marâtre (la marâtre pourrait représenter les institutions, ou nos croyances, ou nos peurs, ou notre mental), elle a fait confiance à son intuition telle Jeanne d'Arc (incarnée en sa marraine la bonne fée) pour l'aider à réaliser un de ses rêves. Elle a fait entrer la magie dans sa vie. Elle a laissé émerger son grain de folie et réussi à dire FUCK à sa famille pour se rendre au bal du Prince. Le ménage a changé sa vie et l'a faite passer de la misère à la lumière.

Respect. Une soubrette qui devient princesse.

L'histoire ne raconte pas la suite de son parcours avec le Prince, mais on peut imaginer que tout va bien pour elle.

Oui faire le ménage c'est pénible. Que ce soit dans sa maison, ou dans son environnement. On n'a pas envie de jeter, on garde des souvenirs, des traces du passé. Je suis de celle qui est très conservatrice et a du mal à jeter. Et pourtant mon amie « Happy Home coach » Nathalie t'expliquerait que toutes les réponses à tes souhaits, ou à tes problèmes, se trouvent dans ton lieu de vie. « Si vous voulez que quelque chose change dans votre vie, changez quelque chose dans votre lieu de vie » Nathalie Vanvinkeroye.

Sa méthode de Feng Shui européanisée a révolutionné ma vie, littéralement. Je me suis prise de passion pour cette méthode si sensée qui indique que notre lieu de vie est le reflet de notre intérieur. C'est tellement simple et logique, en fait. Mais on ne le réalise pas. Nous n'avons pas été programmés/formés/sensibilisés à cela. On n'a pas toujours les codes pour décrypter, et c'est là que Nathalie et sa méthode interviennent. Je me suis prise de passion pour ses enseignements qui sont à la fois simples à mettre en œuvre et tellement enrichissants quand on voit au-delà de la surface. Comme les faces du diamant, un nouveau prisme. Et lorsqu'on change ce qui est là sous nos yeux (un tableau, un objet, la disposition d'un meuble, une plante, un miroir dont la signification n'est pas positive ou bloque une énergie) notre vie bouge quasiment instantanément. Pour le mieux. C'est assez bluffant.

Pour te raconter une anecdote rigolote : j'explique un jour cette méthode à une amie. Elle me dit qu'elle ne rencontre que des hommes qui sont des travailleurs manuels, dans le bâtiment ou ce type de métier, et que ça ne lui convient pas. Elle aimerait rencontrer d'autres profils (c'est son choix, il n'y a là aucun jugement de valeur). Je lui propose de faire un tour chez elle avec mon œil affûté. Bon, déjà, son appartement n'est décoré que de tableaux en noir et blanc, un brin tristounes, avec des paysages dans la brume. Ça en dit long, mais ce n'est pas directement lié à l'objet de l'interrogation du jour. Dans le coin amour de son salon (en haut à droite sur le plan de ta maison, depuis l'entrée, si tu veux vérifier cher lecteur) un meuble TV. Rien de particulier a priori. J'ai l'instinct de lui demander d'ouvrir le buffet, pour voir. Et là, oh surprise : une boîte à outils ! Elle venait justement de changer la place de rangement de cette caisse à outils pour la mettre là, dans son meuble TV du coin amour (allez savoir pourquoi elle a mis une caisse à outils dans un meuble TV). Et voilà, élémentaire mon cher Watson. Elle a immédiatement changé de place cette caisse ! Et a dès lors, rencontré des hommes plus en phase avec ce qu'elle cherchait. L'histoire ne dit pas si elle a trouvé depuis l'homme de sa vie (c'est une connaissance plus qu'une amie) mais au moins, elle a rencontré des profils différents.

Au-delà de cette anecdote ludique, qui est pour le moins assez riche de sens, le ménage de printemps est un vrai exercice que l'on devrait appliquer partout, tout le temps. En nous, et aussi dans le monde, comme le dit si bien Elsa Triolet. Si une méthode Feng Shui peut nous aider à y voir clair dans notre maison, et c'est un bon début, elle ne s'applique pas à notre vie au global : nos pensées, nos habitudes et surtout notre entourage. C'est là qu'il nous faut trouver d'autres ressources, et d'autres méthodes.

Alors, pourquoi ne prend-on pas plus de temps pour jouer les Cendrillon à l'intérieur de soi, et autour de soi ?

Parfois, on préfère être aveugle, ou sourd. Car faire le ménage dans sa vie nécessite une bonne dose de courage. Faire le ménage à l'intérieur de soi passe par beaucoup de dévouement, accepter de se faire aider, trouver des moments de paix (la méditation peut là aussi beaucoup aider), remettre en question nos certitudes et nos croyances, laisser l'ego de côté et choisir l'humilité.

Le ménage dans l'entourage, lui, nécessite en plus une certaine abnégation. Une lucidité. Se défaire des personnes toxiques pour nous, reconnaître que certaines fréquentations nous nuisent, sortir de la manipulation dans certains cas, et choisir de couper des liens de loyauté filiale dans d'autres cas. C'est dur. Très dur. Mais c'est une fois encore salvateur. Un très beau texte que l'on prête à Anthony Hopkins décrit bien cela (traduction approximative reprise d'un site internet, mais le sens est bien là) :

« Laisse partir les gens qui ne sont pas prêts à t'aimer. C'est la chose la plus difficile que tu auras à faire dans ta vie et ce sera aussi la chose la plus importante.

Arrête d'avoir des conversations difficiles avec des gens qui ne veulent pas changer. Arrête d'apparaître pour les gens qui ne manifestent pas leur intérêt à ton égard.

Je sais que ton instinct est de faire tout ce qui est en ton pouvoir pour gagner l'appréciation de ceux qui t'entourent, mais c'est une impulsion qui vole ton temps, ton énergie, ta santé mentale et physique.

Lorsque tu commences à te battre pour une vie avec joie, intérêt et engagement, tout le monde ne sera pas prêt à te suivre dans cet endroit. Cela ne signifie pas que tu dois changer ce que tu es, cela signifie que tu dois laisser partir les gens qui ne sont pas prêts à t'accompagner.

Si tu es exclu, insulté, oublié ou ignoré par les gens à qui tu donnes ton temps, tu ne te rends pas service en continuant à leur offrir ton énergie et ta vie.

La vérité c'est que tu n'es pas pour tout le monde et tout le monde n'est pas pour toi. C'est ce qui rend si spéciales les rencontres dans lesquelles l'amour ou l'amitié sont réciproques. Tu sauras combien c'est précieux parce que tu as vécu ce qui ne l'est pas.

Il y a des milliards de personnes sur cette planète et beaucoup d'entre elles vous sembleront à votre niveau d'intérêt et d'engagement. Peut-être que si tu arrêtes d'apparaître, ils ne te rechercheront pas. Peut-être que si tu arrêtes d'essayer, la relation s'arrêtera. Peut-être que si tu arrêtes d'envoyer des messages, ton téléphone restera éteint pendant des semaines.

Cela ne veut pas dire que tu as ruiné la relation, ça veut dire que le seul lien qui la soutenait était l'énergie que toi seul donnais pour la maintenir. Ce n'est pas de l'amour c'est de l'attachement. C'est donner une chance à ceux qui ne le méritent pas !

Tu mérites beaucoup plus.

Le joyau le plus précieux que tu possèdes est ton temps et ton énergie car les deux sont limités. Les personnes et les activités auxquelles tu offres ton temps et ton énergie définissent ton existence. Lorsque tu réalises cela, tu commences à comprendre pourquoi tu es si anxieux lorsque tu passes du temps avec des gens, des activités ou des espaces qui ne te conviennent pas.

Tu commenceras à réaliser que la chose la plus importante que tu puisses faire pour toi-même et pour tous ceux qui t'entourent est de protéger ton énergie plus férocement que tout autre chose. Fais de ta vie un refuge sûr, où seules les personnes « compatibles » avec toi sont autorisées.

Tu n'as pas la responsabilité de sauver les autres. Tu n'es pas tenu de les convaincre. Ce n'est pas ton travail d'exister pour les gens et de leur donner ta vie !

Tu mérites de vraies amitiés, de vrais engagements et un amour complet avec des gens sains et prospères.

La décision de prendre de la distance avec des personnes nocives te donnera l'amour, l'estime, le bonheur et la protection que tu mérites.

ANTHONY HOPKINS

Tout est dit. Au-delà du bénéfice immédiat pour sa santé et son bien-être que de faire le ménage dans sa vie, dans sa maison, dans sa tête, son esprit et son cœur, tout cela est vraiment un des secrets pour activer son pouvoir créatif et donc changer le cours de sa vie. Dessiner sa vie de rêves.

Il est coutume de dire que nous représentons la somme des cinq personnes que nous fréquentons le plus. Lorsque l'on a cette information en tête, on comprend bien l'intérêt de bien choisir son entourage et de laisser aller certaines amitiés, certains amours ou même s'éloigner de certains membres de la famille.

Lorsque j'ai changé de vie personnelle et professionnelle, j'ai OUVERT les yeux. À force de travailler sur moi, et de m'affirmer de plus en plus, je me suis aperçue que toutes les personnes autour de moi ne me voulaient pas que du bien. Je le savais, plus ou moins, mais je faisais l'autruche, pour ne pas créer de disputes, de tensions ou de ruptures (la sacro-sainte loyauté, encore). C'est ainsi que je suis restée vingt ans en couple, alors que je savais pertinemment que ça ne fonctionnait plus depuis quelques années. C'est ainsi que je suis restée vingt ans dans la même société, alors que je savais pertinemment que je n'y étais pas bien depuis longtemps. C'est ainsi que j'ai conservé la relation avec certains amis et avec mon père, alors que je savais très bien que ces relations me tiraient vers le bas plutôt que de m'élever. La raison ? La peur, encore et toujours. La peur du changement, de l'inconnu. L'angoisse du futur.

Et un jour j'ai OUVERT les yeux. Vraiment. Tout cela s'est fait petit à petit. J'ai d'abord changé de cap personnel en choisissant de divorcer, même avec des enfants en bas âge et malgré l'insécurité financière dans laquelle je plongeais. J'ai changé de cap professionnel en choisissant d'arrêter un travail salarié confortable dans une grande multinationale, pour créer une entreprise dans l'Art, ACAPELART. J'ai arrêté plusieurs relations amicales quand j'ai compris, comme Anthony Hopkins l'explique, que lorsque j'arrêtais d'apparaître ces personnes ne me recherchaient pas. J'ai coupé les ponts avec mon père, pour me choisir et choisir la sérénité de mes enfants, pour nous protéger. Après quarante-quatre ans de bons et loyaux services en tant qu'enfant maltraité et manipulé, mais fidèle, j'ai décidé qu'il était temps de dire stop à cette boucle infernale. Les relations avec mon père ont toujours été compliquées, je fais partie de ces enfants qui ont été rabaissés, humiliés, dévalorisés, insultés une bonne partie de leur vie et qui ont dû lutter des années pour regagner estime et confiance en soi (je remercie mon côté rebelle et résilient de m'avoir extirpée de cette toxicité). Je fais partie de ces femmes qui ont longtemps souffert du syndrome de Stockholm jusqu'à l'éveil de conscience. Je ne m'étendrai pas davantage sur le fond de la relation avec mon père, qui fait l'objet de beaucoup de lignes dans un premier livre caché (oui, oui, caché ! Et surtout encore inachevé… syndrome de l'imposteur peut-être, ou peur des représailles !). Ce que je peux te dire avec le recul, c'est que sans tous ces choix, ces coups de balai dans ma vie, je n'aurais jamais réussi à me libérer, m'émanciper, m'épanouir et réaliser mes rêves. J'en suis certaine.

En tout état de cause, tu auras compris cher lecteur que j'ai bien expérimenté cette méthode. Je t'ai donné ici quelques éléments de réflexion et une piste concrète pour révéler ta créativité, réveiller le pouvoir divin en toi. À toi de jouer du balai Cendrillon !

Dans ce chapitre :

- Nous avons fait le ménage de printemps ;
- Fait le vide chez nous, trié et nettoyé pour clarifier son esprit ;
- Je t'ai révélé la méthode révolutionnaire du Feng Shui version Nathalie pour accueillir le renouveau dans sa vie ;
- Nous avons aussi vu l'importance de faire le ménage dans ses relations pour accéder à une nouvelle vie ;
- Je t'ai partagé un très beau texte d'Anthony Hopkins et évoqué le syndrome de Stockholm.

CHAPITRE 9
Telle Jeanne d'Arc

Ou comment mieux écouter son intuition.

« Dieu premier servi » Jeanne d'Arc

Telle est la devise de cette jeune fille. Un peu d'histoire : Jeanne d'Arc est une jeune paysanne tout ce qu'il y a de plus « banal », née vers 1412. Elle affirme alors un jour avoir reçu de la part de plusieurs Saints la mission de délivrer la France de l'occupation anglaise. Elle parvient à rencontrer Charles VII, à conduire victorieusement les troupes françaises contre les armées anglaises, à conduire le roi au sacre et à contribuer à inverser le cours de la guerre de Cent Ans. Tout cela du haut de ses seize ans. Elle est ensuite capturée, vendue aux Anglais et brûlée vive à l'âge de dix-neuf ans à Rouen, après un procès en hérésie.

Qu'est-ce que vient faire Jeanne dans ce livre ?

Il y a beaucoup à dire. Déjà elle a été brûlée à Rouen sur la place actuelle du Vieux-Marché. Je suis née en Normandie. Et en bonne Rouennaise que je suis, son histoire est forcément intimement ancrée en moi. Ensuite, elle a été brûlée vive, sous prétexte qu'elle entendait des voix et que ce n'était pas « normal ». Cela fait écho à mon tout premier chapitre sur la folie. La folie qui est jugée par les autres, condamnée, celle qui fait peur mais qui, pour finir, quand on la laisse s'exprimer, quand on va jusqu'au bout, bouleverse l'ordre établi. Jeanne avait seize ans lorsqu'elle a conduit les armées. Une fille, à cette époque, c'était impensable (et même à la nôtre, encore un peu !). Et une ado de surcroit. Fort heureusement de nos jours nous ne sommes plus brûlés vifs quand les autres nous accusent de folie. Quoique. Pas au sens propre mais nous sommes quand même jugés, montrés du doigt voire enfermés. En témoignent les nombreux génies qui ont un jour connus l'enfermement en hôpital psychiatrique. Écho à mon histoire bien sûr, si tu as lu le début de ce livre. Bien que je ne m'estime pas génie au sens prétentieux du terme, j'ai mon propre génie créatif qui m'a fait vriller un jour.

Jeanne d'Arc aurait pu écrire la préface de mon livre aussi. Comme Cendrillon (qui aurait cru un jour que ces deux jeunes filles à l'histoire radicalement différente se retrouveraient dans un même livre !). Elle incarne tout ce qui est dit ici : la folie, le voyage avec la croisade, le fuck de sa condition et de l'entourage, le fait de faire le vide en elle et d'écouter son silence intérieur (elle n'a écouté que son cœur et son âme). Jeanne a été sacrée sainte posthume, et fort heureusement. Car c'est un modèle. C'est une Madonna. Une Michelle Obama. Une Simone Veil. Et pourquoi ne pas toi aussi rejoindre la bande, cher lecteur ? Toutes ces femmes illustres qui ont vécu à des époques et dans des contrées différentes, ont toutes ces qualités en commun : le courage, la détermination, la foi et une créativité géniale. Bien sûr, de nombreux hommes aussi, mais dans une société patriarcale c'est, il me semble, encore plus remarquable venant d'une femme.

Jeanne a écouté son intuition. Tout simplement.

Après la méthode Cendrillon, appliquons désormais la méthode Jeanne d'Arc à nos vies.

Elle a eu un appel de son cœur et de son âme. Un appel qu'elle n'a pu ignorer, que rien n'aurait pu arrêter. Un appel qui a changé le cours des choses pour une nation. Qui lui a coûté la vie certes, la vie terrestre du moins. Mais elle vit encore dans notre histoire, dans nos esprits, et dans ce livre. Elle est donc bien vivante, sur un autre plan.

La méthode Jeanne d'Arc se résume ainsi. Une fois que tu as mis en place toutes les techniques citées dans les chapitres précédents, ton âme et ton cœur peuvent enfin s'exprimer. Et te guider. Ta mission de vie est là, en toi. Elle n'attend que d'être révélée. Alors oui, cela peut prendre des années, comme pour moi. Mais comme le temps n'existe pas, il n'y a pas d'âge, comme il n'y a pas de bon moment.

« Saute et le filet apparaîtra ».

Je valide ce précepte à cent pour cent. Les choses se mettent en place lorsque tu es prêt, et que tu te mets en action.

Bien sûr, attendre sur son canapé (même si j'en fais l'éloge) ne fera pas bouger les choses, même si cela va fortement laisser place à ta créativité (sous réserve que tu ne sois pas pollué par une PlayStation ou la télé !). Une créativité sans action est inutile. Elle reste là puis elle s'en va, allant chercher quelqu'un d'autre pour voir le jour.

Revenons maintenant à la devise de Jeanne d'Arc : « Dieu premier servi ». Qui est ce Dieu ? Elle s'est écriée « Jésus ! » au moment de mourir, c'est que sa foi était d'orientation catholique. Mais si tu as compris le sens sous-jacent de ce livre sur la créativité, tu devrais saisir où je veux en venir. Dieu est partout, en nous et autour de nous. Il prend plusieurs formes, et plusieurs noms. Quelles que soient les religions, on parle en fait du même Dieu, au fond. Certains croient en une force extérieure, en un Dieu tout-puissant, créateur du monde. D'autres, comme moi, l'appellent l'Univers. Ou encore la Source. Ce Dieu, en fait, il est tout simplement… en nous ! Le pouvoir créatif dont je te parle, c'est ton pouvoir divin.

Ouh la, oui c'est perché ! Mais quand tu analyses un peu, et essaye de comprendre, même certains scientifiques en viennent à cette conclusion. J'ai assisté il y a quelques mois ou années (le temps n'existe pas donc on s'en fiche !) à une conférence de Gregg Braden et Bruce Lipton. Deux scientifiques américains. Gregg est un géologue informaticien qui, après une carrière brillante dans des grandes entreprises technologiques, a décidé de partir parcourir le monde et les monastères pour se pencher sur les textes oubliés et en dévoiler les secrets éternels. Bruce Lipton, lui, est biologiste cellulaire et fait partie du corps professoral de la faculté de médecine de l'Université du Wisconsin. Ce qui relie ces deux hommes : le lien entre la science et la spiritualité, qu'ils ont réussi à prouver au travers de leurs recherches, en utilisant des méthodes qui leur sont propres. Fascinant. Sans rentrer dans une explication profonde des principes de la physique quantique ou des neurosciences (il y a plein de très bons ouvrages sur ces sujets), ces deux scientifiques ont démontré par A + B les liens entre la science et la spiritualité, au travers de deux méthodes distinctes : Gregg s'appuie sur la lecture des textes sacrés pour extraire une compréhension fine des lois qui régissent l'univers. Bruce, lui, se fonde sur une lecture du fonctionnement de nos cellules démontrant l'existence de Dieu. Leurs démonstrations en live à la conférence du Grand Rex étaient édifiantes. Si limpides. Puissantes. Leurs bouquins offrent davantage d'informations si tu souhaites te plonger dans la compréhension de ces phénomènes.

Un autre scientifique dont les recherches, trouvailles et expériences méritent qu'on s'y attarde vraiment : Dr Joe Dispenza. Lui est biochimiste spécialisé en neurosciences. Au-delà de ses études, il a expérimenté dans la matière un processus incroyable. Après un grave accident de vélo qui lui a laissé six vertèbres comprimées, les médecins lui ont annoncé qu'il ne marcherait peut-être plus jamais. Ils lui ont recommandé une opération de la colonne vertébrale. Joe a refusé et s'est consacré à la reconstruction de ses vertèbres avec la seule puissance de son esprit. Aujourd'hui il parcourt le monde pour donner des conférences, organise des retraites, dispense ses enseignements pour aider les gens.

Ces trois américains démontrent ce que Jeanne d'Arc avait déjà annoncé 600 plus tôt, avec un autre prisme du diamant : « Dieu premier servi ».

Ce ne serait donc pas un Dieu extérieur non. Il s'agit de notre Dieu à nous. Nous sommes notre propre Dieu créateur, la créativité est en nous et c'est elle qui peut nous permettre de réaliser la vie de nos rêves. De créer notre réalité.

Je terminerai ce chapitre et ce premier ouvrage avec un passage du livre de Gregg Braden *La Divine Matrice* qui résume tout ce que je cherche à dévoiler dans ce livre : « Peut-être n'avons-nous besoin que d'un petit changement pour voir que nous sommes les architectes de notre monde et de notre destin, des artistes cosmiques exprimant leurs croyances intérieures sur le canevas de l'univers. Si on peut se souvenir qu'on est autant le tableau que l'artiste, peut-être alors peut-on se souvenir aussi qu'on est autant la semence du miracle que le miracle lui-même ».

À toi de jouer, libère la Madonna qui sommeille en toi !

Dans ce chapitre :

- Nous revisitons l'histoire illustre de Jeanne d'Arc, devenue une méthode à part entière pour écouter son intuition ;
- L'importance de poser les actions et écouter son cœur ;
- Les recherches scientifiques de Bruce Lipton, Gregg Braden et Joe Dispenza, qui révèlent l'existence de notre pouvoir divin.

La méthode Acapelart pour réveiller sa créativité

Ou comment libérer la Madonna qui sommeille en toi !

« Avant de parler, un enfant chante. Avant d'écrire, il dessine. Dès qu'il est debout, il danse. L'Art est le fondement de l'expression humaine » Phylicia Rashad

En tant qu'amoureuse des Arts et fondatrice de l'entreprise ACAPELART qui propose des activités artistiques aux enfants et adultes pour libérer leur créativité, je ne pouvais pas terminer ce livre sans parler de l'Art. L'Art est un outil puissant pour réveiller sa créativité, se libérer. Comme le dit Julia Cameron dans son excellent livre *Libé-*

rez votre créativité : « Mais savez-vous quel âge j'aurai quand je saurai vraiment jouer du piano/peindre/écrire une pièce de théâtre décente ? — Oui... vous aurez le même âge que si vous ne le faites pas. Donc, commencez. »

Comme je l'ai écrit en introduction, nous avons tous un esprit créatif, puisque nous avons tous un cerveau gauche et un cerveau droit. Mais la plupart du temps, nous entrainons notre esprit logique, beaucoup moins notre part créative. Être un artiste est donné à tout le monde. Nous avons tous des capacités créatives, plus ou moins innées et développées. Nous savons tous parler, donc nous sommes tous capables de chanter. Nous savons tous tenir un crayon, donc nous sommes tous en mesure de dessiner. Nous savons marcher, donc nous pouvons tous danser. Il n'est pas question de bien ou de mal, ici. Il est question de capacité, d'aptitude. Ce qui fait l'artiste, novice ou professionnel, c'est l'entraînement. C'est tout. C'est juste une question de pratique, de détermination et de travail. Nous ne serons pas toutes des Madonna, pour reprendre mon idole d'adolescence, ou des Frida Kahlo, mais nous sommes tous capables de créer avec notre corps et notre esprit.

C'est malheureusement souvent un traumatisme d'enfance, une parole d'un proche ou d'une maîtresse, un complexe d'enfant qui nous éloigne de nos capacités. Nous devons, en fait, simplement accepter d'être débutant. Que ce ne sera pas facile, ni rapide. Un peu comme la graine de livre dont je parlais au début.

Car oui créer demande du travail et de l'engagement. Et lorsqu'on commence le travail de création artistique ou sportive, les mêmes phénomènes se produisent : la fierté, la joie, l'excitation, le bien-être.

C'est prouvé : l'Art nous fait du bien. Il stimule et libère les hormones du bonheur. Il existe une étude officielle de l'Organisation Mondiale de la Santé datant de 2019 qui prouve les bienfaits des arts sur notre santé physique et mentale. On parle d'ailleurs de nos jours d'« Art-thérapie ». Et ce n'est pas réservé aux personnes fréquentant des milieux médicaux.

Voilà quatre ans que je travaille désormais dans le domaine des Arts. J'emploie plus d'une cinquantaine d'artistes et permet à des centaines d'enfants et adultes d'explorer leur âme d'artiste au travers de Acapelart et plus récemment, de mon association La Voie des Arts. Avec le même but : rendre l'Art accessible à tous. Montrer que c'est possible et non pas réservé à quelques élus, ou à une élite. Lorsque les personnes essayent, le résultat est toujours le même : elles sont heureuses.

Dans les cours de chant gospel que nous avons à Ville-juif en région parisienne par exemple, il est fréquemment arrivé qu'une personne arrive en disant « j'adore chanter, j'aimerais apprendre mais je chante faux, je ne sais pas chanter » ou des réflexions comme « on m'a toujours dit que je chantais faux ». C'est fou comme nous nous mettons des barrières. Bien souvent, après une ou deux séances, la personne voit qu'elle peut chanter, qu'elle sait chanter et qu'elle a juste besoin de se lancer. D'apprendre. Le même phénomène se produit dans toutes les pratiques artistiques, ou les langues, et l'on constate que les adultes ont encore moins confiance en eux dans ce domaine que les enfants.

C'est la peur qui nous empêche, nous inhibe. C'est bien souvent aussi le regard des autres qui nous freine (à cela je te dirais : lis le chapitre trois !). Libérer sa créativité par le biais d'une pratique artistique demande de s'autoriser, de lâcher le contrôle. Car bien souvent on le fait sans s'en rendre compte : cuisiner, décorer son intérieur, s'habiller chaque matin, organiser un voyage, fabriquer des invitations pour un anniversaire, recoudre une veste, créer une présentation pour son travail, inventer une histoire pour son enfant, écrire une lettre ou un post sur les réseaux sociaux... toutes ces petites actions que l'on réalise au quotidien sont, en fait, l'expression de notre créativité. Alors certes, ce n'est pas toujours de l'Art en tant que tel. Mais l'Art se trouve aussi dans la manière de créer notre quotidien. Et pratiquer une activité artistique aide grandement à libérer sa créativité, pour se faciliter la vie.

Si tu es curieux, je t'invite à aller explorer le site Internet de Acapelart, www.acapelart.com et à te laisser inspirer par toutes les activités que nous proposons ou par les nombreux articles de blog qui regorgent de conseils et d'idées. J'espère que ça te donnera envie de commencer, ou reprendre la danse, le chant, la cuisine ou le dessin...

Et bien sûr je t'invite à écouter le podcast *Moi je voulais juste être Madonna !* dont je t'ai déjà parlé et dans lequel tu trouveras sans nul doute des sources d'inspiration, au gré des écoutes d'interviews d'artistes dans l'âme aussi inspirés qu'inspirants.

Pour terminer ce chapitre Bonus, je citerai John Fitzgerald Kennedy : « L'art est le fruit de la créativité des gens libres. »

Dans ce chapitre spécial Acapelart :

- Nous avons vu comment l'art et les pratiques artistiques peuvent être un medium puissant pour réveiller sa créativité ;
- La capacité artistique/créative est en chacun de nous, c'est une aptitude qui se développe ;
- Une étude de l'OMS de 2019 qui prouve les bienfaits de l'art sur la santé mentale et physique ;
- Libérer sa créativité c'est s'autoriser à être ;
- Le site Internet de Acapelart www.acapelart.com et le podcast *Moi je voulais juste être Madonna !* regorgent d'inspirations et d'exemples.

APRÈS—PROPOS

Un après-propos n'existe pas vraiment dans le monde littéraire bienséant. Et pourquoi pas après tout ? FUCK on a dit ! Parce que j'ai encore des choses à te dire. Je voudrais partager un bout de mon expérience sur l'écriture de ce livre. Peut-être que toi aussi c'est un de tes rêves. J'ai toujours eu ce rêve, comme je t'ai expliqué en ouverture. Et puis un jour je me suis enfin poussée aux fesses pour l'écrire. Comme Jeanne d'Arc j'ai reçu l'appel (convenons-en, c'est quand même bien moins chaud — tu remarqueras le jeu de mots — que de partir en croisade pour sauver la France). Donc j'ai pris mes petites mains, mon petit clavier, ma petite tête et zou. Zou, euh c'est vite dit. Zou angoisse de malade. Peur panique. Gros syndrome de l'imposteur. Comme Jean-Pierre le proposait en son temps, j'ai pris l'option « appel à un ami » et j'ai fait appel à quelqu'un qui n'était pas une amie à la base, mais que j'ai contacté pour m'aider dans cette aventure. J'ai nommé Fanny Campan (au passage tu peux aller écouter son interview dans un des épisodes de mon fabuleux podcast *Moi je voulais juste être Madonna*, nom de podcast inspiré du travail que l'on a fait avec Fanny. La boucle est bouclée, une fois de plus). J'ai donc appelé Fanny à la rescousse. Parce que même si je sais que je suis mon propre Dieu créateur, parfois mon Dieu, il flippe. Parce qu'il est humain, tout simplement. Fanny m'a aidée à me lancer dans l'aventure de l'écriture, m'a donnée l'impulsion, m'a accompagnée. Un an et quatre-vingts pages plus tard, cet écrit est resté au placard. Et là je suis passée par les phases que je décrivais en ouverture : déception, autoflagellation, toussa toussa. Et puis, comme on n'échappe pas à un rêve, il est resté tapis, à attendre son heure. Dans un nouvel élan lubique (aucune idée si ça se dit mais on va dire que oui – lubique comme lubie, je te vois venir coquin !), j'ai eu le désir de me lancer dans des conférences pour diffuser mon message. Le podcast était la première étape, la conférence est une suite logique. Hop, allons-y gaiement, je me suis inscrite pour une formation avec Didié Gélanor que je ne connaissais ni d'Eve ni d'Adam mais dont le nom et la présence sont arrivés par deux fois de manière synchronique au même moment dans ma vie. Telle Jeanne d'Arc, j'ai une fois de plus écouté mon intuition et embarqué. Initialement c'était pour dispenser des conférences. Et voilà que le monsieur nous dit que dans le cadre de la formation on va écrire un livre. *What the Fuck* comme on dit en bon français (oui je l'aime bien cette expression !). Et là, de nouveau l'auto-saboteur en mode rébellion : — non mais non, c'était pas prévu ça. J'ai déjà un livre en cours, je ne vais pas en écrire un autre. Si j'en édite un c'est le premier que je terminerai ! (activation du mode acharnement à ce moment-là, le flow était loin). Quelques semaines et quelques blablas protestataires plus tard, me voilà en train de démarrer l'opus que tu tiens dans tes mains !

Je ne sais pas si cette histoire a un quelconque intérêt pour toi mais j'avais très envie de te la raconter pour te montrer que notre mental est très fort, et qu'on a beau être créatif, ce n'est jamais gagné de se laisser porter par le flow.

Autre chose que je voulais partager avec toi cher lecteur de mon cœur (on est devenus intimes au fil de ces pages, je me permets des largesses) : Didié nous a donné des consignes/conseils d'écriture. X chapitres, X pages, telle structure. Au début en bonne élève sérieuse et avec la peur de l'écrivaine novice, j'ai voulu tout bien faire comme il a dit Didié. Didié lui il sait. Et puis au fur et à mesure la Rebelle en moi a dit comme le chapitre de son nom : FUCK (avec tout mon respect, bien sûr). Je n'ai pas envie de suivre un ordre établi. Un livre sur la créativité c'est aussi la liberté du créateur. J'ai donc changé pas mal de choses. De dix chapitres recommandés je suis passée à treize. Et puis je me suis dit que j'en avais finalement bien assez dit. Que toutes les autres idées pourront être développées dans un autre livre. Je me suis donc ravisée parce que finalement neuf chapitres suffisaient. Et dans le prolongement de ma douce folie, la sorcière ésotérique en moi a remarqué un signe : neuf chapitres, comme le cycle de la vie. Non pas dix comme les dix commandements, non non non, sortons de cette injonction (bon, ok il y a le chapitre bonus, mais ce n'est pas pareil). Dans la vie le neuf est très symbolique. Les chiffres ont été inventés par les Indiens et c'est au neuvième siècle que les Arabes les ont diffusés au monde entier, trouvant ce système facilitant pour les calculs. Neuf comme le nombre de mois nécessaires pour mettre au monde un enfant. Neuf, le plus haut nombre à un chiffre dans le système décimal. Neuf, chiffre considéré comme le chiffre de la fin et de la réalisation qui symbolise la sagesse, l'initiation, l'achèvement d'un cycle. Le neuf invite à la transcendance, à dépasser les limites établies et à toucher à l'universel. Le neuf rappelle que tout ce que nous faisons revient à nous, amplifiant l'importance du karma. Neuf chapitres... une évidence !

CÉRÉMONIE DE CLÔTURE
La cerise sur le cup cake

Pour terminer cet opus, je répondrai à la question ultimement identitaire du « Qui suis-je ? », parce qu'il me semble que je ne me suis pas présentée à toi, Ô cher lecteur. À la différence du jeu « Qui suis-je » qui nous autorise plusieurs questions/réponses — j'ai beaucoup joué à ce jeu étant petite ! — je n'utiliserai qu'un seul joker pour te répondre. Et je plagierai la réponse de l'enseignante de ma retraite de silence à qui j'avais posé la question car mon mental avait besoin de savoir : « Je ne suis personne ».

Cette réponse m'a irritée de prime abord, elle n'a pas rempli la soif de savoir et de comprendre de mon organe contrôlant. Et puis, après réflexion, je me suis dit que sa réponse était très juste.

Comme je le disais en ouverture, je suis un messager. Un canal. Une écrivaine en herbe qui s'est rêvée écrivaine et qui un jour a décidé de l'écrire, ce fameux livre. Juste parce que je ne veux pas vivre (et mourir) avec des regrets. Juste parce que mon souhait le plus cher est de réaliser mes rêves. Si on passe la vie à fantasmer sa vie, et non à la vivre vraiment, nous sommes des morts vivants.

Pour qui ai-je écrit ce livre ? Pour quoi ? Pour toi, peut-être. Pour qui voudra le lire. Pour qui cela interpellera.

Je ne suis rien d'autre qu'une humaine incarnée pour guider ceux qui se sentent appelés par la créativité universelle. Ceux qui rêvent en silence. Ceux qui ressentent l'urgence de vivre. Ceux qui ont cru mourir un jour et se sont réveillés avec des sueurs froides. Ceux partis trop tôt de ce monde pour plonger dans un autre qui leur convient mieux, on l'espère.

Pour la postérité. Pour mes enfants. Pour les tiens. Pour ceux qui nous survivront. Pour l'humanité.

Pour moi. Avouons-le. Pour mon ego, sûrement, même si j'essaie de m'en extraire le plus possible. Celui qui souhaite laisser quelque chose dans ce monde. Qui veut apporter sa pierre à l'édifice. L'édifice de notre illusion terrestre. Qui fait notre réalité, malgré tout.

OUVRE les yeux, et crée-le ce monde que tu veux, bon dieu !

OUVRE-les grands ces yeux qui n'attendent que cela. Que tu portes un regard juste sur ce monde, sur ton monde.

Sois le créateur de ta vie.

Je terminerai cet ouvrage avec la citation de Confucius qui, un jour, m'a fait OUVRIR vraiment les yeux : « On a deux vies. La deuxième commence quand on s'aperçoit qu'on n'en a qu'une ».

REMERCIEMENTS

Avec la larme à l'œil, telle une Miss France venant d'être sacrée Reine pour un an, je souhaite ici remercier toutes les personnes qui m'ont soutenue, toutes celles qui ont cru en moi, toutes celles qui m'ont guidée sur ce chemin de foi, tous les thérapeutes qui m'ont accompagnée (enfin c'est moi qu'ils peuvent remercier vu le niveau de contribution financière ! Oups pardon, c'était trop tentant). Je voudrais aussi remercier tous les cons que j'ai croisés, tous ceux qui m'ont rabaissée ou dévalorisée, tous les jaloux, toutes les personnes qui m'ont dit un jour « tu es trop ci ou pas assez ça ».

Je ne citerai personne en particulier, la liste de tout ce petit monde serait bien trop longue — et puis tu ne les connais pas, quel intérêt ! — mais ils ont tous contribué à me forger, à me permettre de croire en moi et de laisser, enfin, mon Dieu intérieur se libérer. Big UP comme disent les jeunes.

Remercier ses amis et ses ennemis. Pardonner. Voilà une autre clé pour créer sa vie de rêves. Mais ça, ce sera peut-être l'objet d'un prochain livre, qui sait ?

A PROPOS DE L'AUTEURE

Erika GALLAND vit à Villejuif en région parisienne où sont basées son entreprise Acapelart et son association La Voie des Arts.

En grande communicante, elle aura toujours plaisir à partager une conversation inspirante ou un café autour de ses thèmes favoris que sont l'art, la musique, la créativité, l'entrepreunariat, le développement personnel et les voyages !

POUR LA CONTACTER :

✉ erika.galland@acapelart.com

POUR LA RETROUVER SUR LES RÉSEAUX :

Site Web : https://acapelart.com
Instagram : www.instagram.com/acapel_art
Facebook : www.facebook.com/acapelart
Linkedin : www.linkedin.com/in/erika-galland/

Et retrouvez son podcast *Moi je voulais juste être Madonna !* sur toutes les plateformes d'écoute : Spotify, Apple Podcast, Deezer, Ausha et sur la chaine YouTube de Acapelart.

PODCAST

ACAPELART

« Moi je voulais juste être
Madonna ! »

TABLE DES CHAPITRES

TABLE DES CHAPITRES

© Erika Galland, 2024
Édition : BoD · Books on Demand GmbH, In de Tarpen 42, 22848
Norderstedt (Allemagne)
Impression : Libri Plureos GmbH, Friedensallee 273, 22763 Hamburg
(Allemagne)

ISBN : 978-2-3225-5835-3
Dépôt légal : novembre 2024